書系緣起

早在二千多年前，中國的道家大師莊子已看穿知識的奧祕。莊子在《齊物論》中道出態度的大道理：莫若以明。

莫若以明是對知識的態度，而小小的態度往往成就天淵之別的結果。

「樞始得其環中，以應無窮。是亦一無窮，非亦一無窮也。故曰：莫若以明。」

是誰或是什麼誤導我們中國人的教育傳統成為閉塞一族。答案已不重要，現在，大家只需著眼未來。

共勉之。

How to Disappear
隱形的奧義

Notes on Invisibility
in a Time
of Transparency

拋開無止境曝光、
擁抱不受注目的十一個思考

Akiko
Busch
阿奇科・布希——著

麥慧芬 譯

各界讚譽

這些文章絕非「摘記」，而是針對我們可能嚮往或想脫離的許多隱身領域及程度，提出結構完整且強而有力的探討……布希運用一種與其說是挑釁，不如說是具召喚力的語調，別有深意地讚揚了不出現在他人視線中的價值。

——《柯克斯書評》

布希對這個主題的探討，充滿了自由的聯想，而且涉獵的範疇寬廣，文章本身也饒富詩詞意境……布希提供了一條通往內容豐富且深具啟發性的沉默尊嚴之路。

——《出版人週刊》

對隱身這個議題的千百種迥異範例，給予令人印象深刻的綜觀。

——《圖書館期刊》

她以迂迴的方式，避開了恐慌製造者與反對新科技者，這些人士阻礙了我們依賴科技的文化的許多研究。相反地，她在寬廣的文化景觀中，找到了我們對於隱身這件事的信仰、恐懼與冀望所在……（她）探討偽裝、匿名、不具名的藝術作品，以及警方對於少數族群的監視。布希藉由自己從自然科學、兒童文學、民間傳說、藝術史，以及其他許多領域的例證，將隱私這個因應時勢的問題，變成了不受時代影響的議題。

——《巴黎評論》

當這個世界的連結達到前所未見的緊密之時，以毫不誇張卻引人注意的聲音，諄諄勸誡謹言慎行，必然而緊要。因此，讀到布希這本完美提出諄諄提醒的《隱形的奧義》，是多麼令人神清氣爽啊……（本書）志不在於提供一張脫離電網世界的逃亡圖，而是在探索人類消失的各種方式，不論是從他人的視線中消失，抑或僅是沉入自己的內心世界……饒富哲理與思趣，本書優美地照亮了我們選擇隱藏的方式。

——Shelf Awareness網站星級評論

在這一系列發人深省的文章裡，布希檢視了社群媒體與監控經濟如何重新定義了我們的生活方式……本書針對高度曝光的後果，提出了許多重要的問題。

——BBC網頁「文化」版「這個二月該讀的十本書」

真是一部令人吃驚、意外、卻又滿懷希望的作品。這是一頂彰顯隱身之力的神奇魔術帽。

——《鳥的天賦》（*The Genius of Birds*）作者 珍妮佛・艾克曼（Jennifer Ackerman）

當阿奇科・布希在寫融入而非突出這種未被頌揚的美德時，文筆優雅、風趣，而且精準得令人屏息。融合了科學、神話，以及從冰島到大開曼島、從加拿大芬地灣到布魯克林一家虛擬實境工作室的故事與軼聞，她提醒著我們，不論身處愛情、工作，還是自然環境中，大家通常都是在失去自己的那些極度耗神費力的時刻，才激發出最敏銳的視覺與感覺。這是一本會像祕密的握手儀式般在朋友間傳閱的書——也是一本必讀之書。

——《有遠見的女人》（*Visionary Women*）作者 安卓雅・巴奈特（Andrea Barnet）

與本書的相遇，有如在飽受長期頭痛困擾後，於家中藥櫃裡發現一瓶頭痛強力特效藥……對布希而言，隱身絕非單純的負面行為，也不僅僅是曝光的反義詞。遁出他人的視線、不被發現、受到忽略：這些經驗本身，都有其與生俱來的「意義與力量」；我們所需的正是認知這些經驗的「導引」。而布希所提供的正是：以不受拘束且引人聯想的風格寫出一篇篇文章，探索隱身所隱含的各種面向……毫不起眼可以是非常強大的事——這可能是布希最根本的論點，特別是當被制約的我們以為擁有力量就是在自己的推特動態上喊得比任何人都大聲，或在Instagram上向全世界展現自己最好的生活……（布希堅稱）沉默與隱身是我們日常生活的一部分——是淋浴、出外慢跑時，我們心靈的漫遊之所，也是我們望向飛機窗外時的感覺，以及在熙攘喧鬧的市區街頭成為他人的陌生人的喜悅。我們把這些停頓、吐氣的時刻視為理所當然，但其實我們更應該緊抓住這些時刻，因為它們是我們抵抗攻擊的盔甲。

——《紐約時報》書評 蓋兒・貝克曼（Gal Beckerman）

生命中所有重要的事情，幾乎都發生在表面之下。足以與知名專欄作家安妮・迪勒（Annie Dillard）和世界級自然文學作家愛德華・艾比（Edward Abbey）相提並論的布希女士，為了傳遞這則我們的時代似乎刻意漠視的訊息，投入了將近三十年的歲月……正因為布希女士隱晦不明的反對立場，才更值得我們持續地關注……本書至少有部分是在訴說，如果我們不是冥頑不靈地堅持淹沒這個世界，這個世界可能會以怎樣的方式重新展現在我們眼前……表面上看來，本書是一帖緩解現代世界過度曝光所造成的疏離的藥劑。布希女士想把我們從自己、從折磨納西瑟斯（Narcissus）的孤獨命運中解救出來，因為納西瑟斯的視線永遠只會鎖定他從頭到尾唯一真正深愛的那個人——他自己。然而在更深刻的時刻，這本書卻觸及了一個不變卻容易遭到遺忘的事實：隱身這個失去我們自己的舉動，是達到無私的先決條件。布希女士更在意的事，其實並不是拯救納西瑟斯，而是要拯救被納西瑟斯的自我本位主義所影響的這個更廣大的世界。

——《華爾街日報》，作家 約翰·蓋格（John Kaag）

在本書中，布希對於政府的監督系統、智慧科技，以及我們自己想要被看見的慾望，如何攜手造就了可能無法轉圜的個人隱私喪失的問題，進行了深刻的思考。一本振聵啟聰、睿智至極的書！又剛好在這個無止境曝光的時代出現。阿奇科·布希在思考隱身的無數種偽裝時，完全不留餘地，絕無遺漏……

——《我的私產、瘋狂、架子與蜂蜜》（*My Private Property and Madness, Rack, and Honey*）

作者 瑪麗·拉福（Mary Ruffle）

卡夫卡在夢境中，曾當過餐廳侍者。他想待在現場，但希望沒人看得到他。阿奇科・布希將這種生存的必要成分，解釋得更加清楚。她以清晰且抒情的筆調，檢視了何謂讓你免於過度曝光。在一個動盪的時代中，她的作品提供了大家迫切需要的一種平衡感。她的作品也提醒了我們自身所具備的調整與改變之力，而且世界上有一種叫做隱私的東西。

——《摯愛的狗與不確定原則》（*Beloved Dog and the Principles of Uncertainty*）

作者與插畫繪者　麥拉・卡爾門（Maira Kalman）

推薦序

歡迎來到隱身術的時代

——作家　褚士瑩

「名人」真是地球上一種奇妙的生物。

無論是真正大名鼎鼎的人，還是自戀的「微型網紅」，總覺得自己哪裡都不能去，無論白天黑夜去哪兒都戴著墨鏡，因為「大家都在看著我的一舉一動」，殊不知大多數人只是因為看到有個怪傢伙晚上戴墨鏡，擔心他下一秒鐘就要跌倒罷了。

更妙的是，覺得自己哪裡都不能去的名人，偏偏總是挑人最多的地方去。萬一到米其林餐廳沒有被經理認出來，或不能插隊，卻又會大發雷霆說：「難道你不知道我是誰嗎？」

我完全無法理解這樣的心態啊！

雖然我一點也不認為自己是名人，三不五時仍然會有陌生人對著邋遢的我說：「咦？你是不是有上過電視還是報紙？」

對於這樣唐突的問話，有時我會微笑點頭，然後繼續做自己的事，有時心情不錯，則會裝作吃驚地說：「常常有人這樣說耶！」

「那他們有沒有說你像誰？」

「兵馬俑！」

對方通常會恍然大悟地笑逐顏開：「對啦對啦！難怪我覺得在哪裡看過！」

心情不好的時候，面對鍥而不捨的大媽、大叔，我會故意東張西望，壓低聲音，壓低帽緣，豎起領子，面色沉重地說：「嗯，老實說，年輕不懂事的時候，上過好幾次社會新聞。」

通常聽到這裡，對方就會半信半疑落荒而逃。

作為一個內向、不喜歡受到太多注意的人，我很同意《隱形的奧義》的作者阿奇科・布希說的，隱身代表自尊，代表機會，更重要的，隱身幫助我們得以保持完整，不受侵犯。這是千方百計想要被人注視的名人無法理解的吧！

很多人時常強調生命的「完整性」，比如藉由追求與另一個人的愛情，來讓我們完整，或是追求信仰讓我們完整，卻不知道「完整」真正的概念是什麼。

根據我尊敬的老師法國哲學家奧斯卡・柏尼菲（Oscar Brenifier）「完整」的真正定義跟我們的想像是很不一樣的。在英文裡的「完整」（integrity）這個字，其實在拉丁語的結構是「in」加上「tangere」，直譯就是「沒有被碰觸的」。

只要放下成見稍加思考，其實很容易理解，任何了解自然生態的人都知道，野生動物或植物總是把「被碰觸」視為一種威脅，因為動植物唯一會被碰觸的時候，就是要被敵人吃掉的時候。這是為什麼澳洲拉特伯大學（La Trobe University）生物學家威蘭（Jim Whelan）二○一八年底在《植物期刊》（*The Plant Journal*）的研究中指出，觸摸會啟動植物的荷爾蒙和基因的反應，這些形同抵抗外來攻擊的防禦機制一旦被驅動，就會耗掉生長時需要的能量和資源，導致植物無法繼續成長。以阿拉伯草為例，被威蘭教授的研究團隊用軟毛刷觸摸的葉面，在三十分鐘內，高達百分之十的基因組就會發生改變，成長率也因此減少百分之三十。而觸摸刺激，不只是來自於人類，其他動物、昆蟲，甚至風吹所造成葉片之間的摩擦，植物也都會感受到很大的威脅。所以一個生命追求完整性，並不是去創造連結，而是去避免被碰觸，這也解釋了為什麼很多人，藉由努力尋求跟外部連結，不但沒有讓他們的生命變得完整，反而因為無法承擔巨大的壓力而枯萎，因為我們可能從一開始，就誤解了「完整」這個字的真正意思。

但就像布希說的：「隱身可以成就某些事，也可以摧毀某些事。隱身成了一個富含各種意義的概念。我們有沒有可能超脫所有這些意義，在不受注目的世界中，為隱身找到一個更重要的人類價值？」

追求隱身，很多時候，只是人們尋找慰藉的表現形式之一，比如當一個人說自己不知道如何放下在各種關係裡對對方的期待，或是覺得自己好像已經做好了隨時可消失的準備，以至於不知道自己存在的意義是什麼，其實都只是透過隱身，意圖保護自己不需要面對被自己、被別人、被世界拒絕的失望，這樣的隱身雖然表面上保護了自己的完整性，不被外界碰觸，但也意味著藏匿在盲區（blind spot）裡面，看不到自己真正的存在問題——隱身到連自己都覺得沒有存在的必要了，並不是隱身的目的。

我們追求在這個無所不在的社群媒體與監控設備中隱身，是因為重視個人隱私、厭倦無止境的自曝，而不是孤立自己，或否定自己的存在價值，畢竟人與動物不一樣的關鍵，在於動物只有環境，但是人有世界。在環境中選擇隱身，是善用大自然中的動物保護自己的本能，不代表我們選擇從世界中撤退，相反的，是一種珍視自己存在的方法。

所以請讓我張開隱形的雙臂，歡迎你也來到隱身術的時代。

推薦序

從不被查知中找到歸屬

——泛科知識公司知識長　鄭國威

隱形的奧義？是要披上哈利波特的隱身斗篷、或是拿到哈比人的魔戒？是像X戰警裡的魔形女那樣自由變換身分，或是像驚奇四超人裡的隱形女那樣霎時消失呢？本書給的答案，沒那麼奇幻，但更加安慰。

我們常聽到「人類是視覺的動物」，這倒不是說其他動物的視覺不如我們，畢竟身處環境不同，各有適應求存之道。但我們對視覺的依賴的確非常高，而當人類越來越能夠隨心所欲，自然也循著視覺給予的框框條條，建構自己的生活環境。而這樣的生活環境又回過頭來加強我們對視覺的依賴。別的不說，你此時就正放肆地用視覺在翻看著書、盯著螢幕。

於是看不見，「幾乎」等於不存在。依賴視覺的當代人類，難以自拔地發展出各種看得更好、更多、更遠的技術，盡所能讓無形現形，否則總覺得不安心。不過這也造成了隱私外洩、過度分享、資訊焦慮、錯假有害內容蔓延、對特定性別或族群的物化與厭惡，以及各類人們為了被看見而無所不用其極的文化現象。

對於這般文化現象的反思，是我個人近來寫作的重點，因此《隱形的奧義》這本書，讓我讀來很有共鳴。作為一個網路媒體創業者，我從二〇〇五年開始推廣草根媒體、透明價值、努力讓多元的內容被看見，雖然義無反顧，但這幾年也深刻地感受到反作用力：當每個人都無限制地提高自己的能見度、掠取眾人的注意力，我們受得了嗎？

作者阿奇科．布希是一位資深作家，書寫主題包括設計、文化與自然，也擔任建築與設計界人士必讀雜誌《大都會》雜誌（*Metropolis*）的編輯長達二十年，這也大概是為什麼她在本書裡能夠如此旁徵博引，案例廣及當代藝術、最新科技、再到自然科學，在在呼應跟夯實「隱形」此一主幹。對作者來說，隱形不只是看不見，我認為她更想強調的是，時時刻刻都站在舞台上的現代人，是否給出了太多、以至於讓身心都支離破碎。

在她的筆下，隱形是一種適應、一種歸屬感，相對於想要鶴立雞群的內在欲望或外在壓力，是關於我們如何能「優雅和諧地在世界上找到自己的歸屬之處」。隱形是面對偉大，發覺自身的渺小，甚至消失，但這種消失不是被忽略，而是感覺自己跟某種更古老、更巨大的存在合為一體。

例如她為了寫這本書，去了一趟冰島，在這個人口僅約三十四萬的小國，許多當地人相信有著隱形的精靈，這些精靈跟人類平行地生活在這個氣象與地質都多變的島上，跟人類看起來差不多，只是我們看不到。而也因為這樣的信仰，讓當地人在保存環境與文化時，多了一分出自於對無形社群的關懷。

隱形也不是不存在，而是不被查知，畢竟當每個人都能透過直播想成名多久就多久，甚至不自覺被自己的手機、家裡的智慧音箱、路邊的攝影機隨時監視的時候，隱形反而是一種特權。

這讓我想到每次到台北車站大廳，看到人們三五成群坐在棋盤格地板上，黑色的區域總是比較多人，彷彿熙來攘往的旅客就能無視。而包括我在內的有些人，偶爾會以充電為名到遠方旅遊，大概也是覺得沒人認識或在意自己，得以暫時隱形，不用像在本來的生活裡那樣一直放送、一直給。

最後，就讓自己專心、放鬆地隨著作者的節奏，給自己一個下午，好好讀完本書，盡量不受打擾也不分神吧。我想，對一個現代人來說，這應該也算是掌握了隱形的奧義。

How to Disappear

隱形的奧義

CONTENTS

目次

獻給科林、茱利亞與柯納

愈不可見，愈能肯定必在身邊。

——約瑟夫・布羅茨基（Joseph Brodsky）[1]

「楔子 Introduction」

1 約瑟夫・布羅茨基：一九四〇～一九九六，俄國猶太人、詩人與作家，因猶太人身分與詩作遭當時蘇聯政府迫害，一九七二年放逐至奧地利，後定居美國。以詩作得到一九八七年諾貝爾文學獎。令人津津樂道的一件事是，他在獲獎後有記者問到身為美國人的他，卻以俄文詩作的詩人身分領獎，他究竟是美國人還是俄國人。他回答：「我是猶太人，以俄文寫詩、用英文著文，當然我也是美國公民。」

我翻身爬上了白橡木低矮枝幹處搭起的臨時樹台。這座潮溼又破爛的平台以及連接平台的階梯，因為經年輕忽，早已歪斜變形。整座平台的框架全走了樣，不論以前將這些木板排整、釘牢，並做成台子的獵人，當時有什麼樣的計畫，現在看來，這塊台子顯然更順應自然的呼喚，融入了樹林的雜亂之中。不過話說回來，這個布滿苔蘚的小平台，擠身在橡木、楓樹、山毛櫸、山核桃與白楊混立的樹林中，倒不失為一個舒適之處，讓我知道自己可以在這裡看到什麼，或者，看不到什麼。

這個三月初，天氣暖得不太正常。紐約哈德遜谷的冬天，通常都會想方設法地賴到三月中或三月底，不過二〇一六年的這個三月，從附近溼地過來的雨蛙，卻早已開始誇張地吟頌蛙族詩章。這個午後，林地潮溼，綠苔蘚、銀地衣、從枯葉床墊零星竄出來的野香蔥，以及今年最後的幾顆紅冬青，就是林子裡所有的色彩。覆頂的枝葉依舊大開大闔，讓午後的光線在山腰間流洩成一片。爬往山頂的路上，我驚嚇到一隻頸環雉和兩隻東藍鴝，牠們低沉的啾唱因為我的足聲而加快拍子。遠處幾隻聒噪的烏鴉傳來刺耳的叫聲，不過應該不是因為我出現而不滿。烏鴉有辨識人臉的能力，可惜我跟牠們不熟。上次造訪這片山脊，已是數月以前。幾碼外的楓樹高枝上，一隻灰松鼠不時停下匆忙的腳步。長在腦袋兩側的眼睛，讓這個小傢伙擁有高度聚焦的寬廣視野，牠不需要移動位置就可以掌握我的動向。不過松鼠是中度色盲，牠們的水晶體中有種黃色素可以輕鬆降低強光亮度。嗅覺與光線同樣是小傢伙感知外在世界的必要法寶。牠之所以知道我的存在，跟我的氣味與身體投射出來的陰影有絕對關係。小傢伙毫無章法地用樹葉、大小樹枝堆置出自己的窩，建在這座林子裡稍高的區域，等樹葉都長出來後，牠的鼠窩就會完美地隱入周遭的環境。

往山上走了大概三十分鐘後，一陣細微的窸窣聲響吸引了我的注意，二十英尺外有隻灰棕色的母鹿。牠停下了步子，站在那兒微歪著頭盯著我瞧。我的隱身大法就是絕對的沉默與靜止。牠開始小口細嚼著從落葉中竄出的青綠嫩草，然後安靜走過森林，經過平台，朝山脊下的窪地踱去，在那兒與一隻雉雞不期而遇。雉雞一面嘎嘎尖叫，一面不斷撲搧著翅膀，於是母鹿朝著對面的山丘奔躍而去。鹿無法像人一樣辨識色彩，但牠們擁有絕佳的夜視力，可以看到藍光、紫光與紫外光，而人類是看不到紫外光的。不過，牠們看不到紅光與橘光。相較於形體與顏色，鹿更倚賴聲音與動靜去感應人類的存在。我不知道那頭母鹿看到了什麼，但我猜應該是紫外光色調中一團無法辨識的模糊輪廓。

鳥類不但可以看得到人類視力範圍外的色彩，視網膜裡多出來的感色錐狀細胞，還可以讓牠們接收到我們無法想像的其他色調。蛇類的頭部兩側有頰窩器官可以偵測周遭的溫度，此外，牠們具有感應紅外線的視力，因此靠著判讀可能在身邊的獵物熱度訊號穿梭於世間。

蜜蜂藉著辨識紫外線的能力，看到我們眼中的花朵形態，並利用這樣的能力汲取花蜜。小蜜蜂處理色彩資訊的速度，比人類快上五倍，而且牠們可以清楚看到隨著角度變更而出現的色彩變化，也接收得到人類視力不及的虹彩。種在我家廚房門外的黑眼金光菊，花瓣上有我看不到的圓形色盤；七月一整片向日葵帶來的燦爛裡，也包含我看不到的鮮豔圖案。人類能接受的可見光範圍，僅僅只有電磁色譜上的一小部分。整個世界都閃爍著我們看不到的東西。

這樣一個稱得上名符其實**盲區**的地方，似乎是個讓人開始思考隱身，以及什麼情況應該走入大家視線內的絕佳之處。對那隻母鹿而言，牠之所以看不到我，不是因為我隱匿而模糊的形體，也不是因為我穿著棕色毛衣，而是因為我靜止不動。烏鴉是因為對我不熟悉、灰松鼠則是因為我的影子，也都看不到我。我視力所及的最大範圍，局限在大概一百二十度的弧形面積內；我很清楚這場隱身術會議的與會者，還包括了我連影子都看不到的昆蟲、兩棲動物、齧齒動物，以及各種鳥類。隱身與僅是置身於盲區的差異是什麼？

我在這座森林裡還待不到一個小時，就認知到隱身與隱身所編織出來的即興舞目，其實是生活的必要條件，也因而再次受到衝擊。我想起了沉默的優雅、謹慎的力量，以及處在絕對私密和自主的環境中，能同時深刻感知與感受這個世界的可能性。如果避開大眾的關注，是讓我著了魔又揮之不去的執念，那也是因為這樣的行為，現在在人類圈子裡，似乎極其稀奇罕見。近年來，大家前所未見地執著並汲汲營營的一件事，就是如何讓大眾的注意力集中在自己身上。

人類其實有各種不同的方式可以讓自己受到注意或不為人知。我們對於隱身，自有一套律動之法，我們的視力也絕不僅事關電磁光譜原理。我們選擇讓大眾認識與熟悉自己，或選擇默默無名，處在群眾色盲或視線末稍，其實全是最微不足道的事情。我們從身體、心理和科技等各個層面，創造出各種獨創策略，就是為了能讓自己悠然隨意進出他人的目光，而這些策略很可能具備了吸引、心醉、欺騙、操縱、期待、絕望、優雅、孤立、合乎邏輯、毫無條理、怪異，或全然神祕的種種特質。這個愈來愈透明的時代，應該是好好重新思考這些東西的時候。

能見度已經成為我們這個時代的流通貨幣，社群媒體以及監控經濟（surveillance economy）也重新定義了我們的生活方式。克里斯多夫·拉許（Christopher Lasch）在他一九七九年的劃時代作品《自戀的文化》（*The Culture of Narcissism*）[2]中提到，「我們在社會上的成功，必須得到大眾的認可」。四十年後，人類這種透明的邪教與無所不能的新科技，證實了他的先知灼見。大家習以為常地認定生命的獎酬來自群眾，而評斷我們生命價值的標準，不是因為我們做了什麼，而是大家眼中的我們是什麼。

家，這個曾被視為最私密的地方，是曝光的濫觴。大家在嬰兒房裡架設嬰兒監視器，連接網路並配備高解析度鏡頭、內建麥克風，以及可以權充安全保護的動作感應器；這些監視器同時也重新界定了父母、嬰兒與嬰兒照護者之間的關係。配置了無線網路的芭比娃娃、藍牙貓咪與藍牙泰迪熊等可以儲存聲音訊息的玩具網（the Internet of Toys），增進了交互影響，卻也可能輕易遭到駭客竊取孩子的地址、生日、照片等資訊。廚房裡的智能冰箱可以收集用戶的採購習慣，以及我們或許願意提供的資訊，但許多智能電視品牌追蹤觀看者的資訊，讓廣告商能夠直接進行目標行銷。掃地機器人能夠標畫出我們的房間，亞馬遜推出的人工智慧語音助理愛力克莎（Alexa），更可以在法庭上將我們的一言一行當作呈堂證供。不論是發送電子郵件、使用谷歌、在網路上搜尋某些或甚至任何資訊，或找件洋裝、查本書、看看烤鍋，抑或瀏覽一台割草機之後，這些商品的各種其他廣告，就開始天荒地老、海枯石爛地都不會放棄透過彈跳視窗或側欄訊息的數位形態找到我們。

出門在外，手機會把你的位置傳送給網路服務供應商。經過收費站、使用信用卡、租車、搭機時，大數據能收集甚至更多的個人資訊。就算你不經過收費站、不用信用卡、不租車，也不搭機，行車記錄器、穿戴式攝影機、家用戶外監視器，還有銀行、賣場、加油站、轉運站、便利商店，以及街角的封閉式監視器，也都能在幾乎毫無規範的情況下，監視著我們的一舉一動。體積持續微量化的無人機，配備著精密度愈來愈高的攝影機，擔負起傳報新聞與交通狀況，乃至私人或商業地產的遙控巡邏等無所不包的任務。紐約麥迪遜花園廣場利用人臉辨識軟體搜尋歌迷，再配上新雷達科技後，某些廣告看板能夠自動偵測與追蹤開車到附近區域的駕駛人手機，讓電話通訊公司的合作企業以及廣告商，能夠史無前例更緊密地監控消費者的行為模式。二〇一六年，巴爾的摩市為了打擊犯罪，利用空中監視器所拍攝的影片，監控半徑三十英里範圍內的街道；地面上的人，沒有一個知道自己成了空拍機裡的畫面。另一種名為智慧眼鏡（Snapchat Spectacles）[3]的更個人化發明，讓配戴者只需輕敲鏡框，就可以將眼前十秒內出現的人、事、物全都錄。

2《自戀的文化》是拉許於一九七九年出版的作品，深入探討了當前社會中，人類自戀性格的影響；克里斯多夫・拉許（一九三二～一九九四）為美國著名歷史學家和社會評論家，先後在愛荷華大學和羅徹斯特大學任教。

3 Snapchat為美國史丹佛大學研究所學生開發，並於二〇一一年九月推出的圖片與影片分享通訊應用軟體，使用者分享的圖片與影片，就稱為Snaps（快照）。

不斷變胖又變長的消費者電子產品清單，在提供便利與高效雙重特性的同時，一直都侵蝕著隱私這兩個字的傳統概念。FrontRow隨身記錄器項鍊的圓形垂飾，配備了觸碰式螢幕，可以錄影、直播串流，還能製作縮時影片。臉書直播與潛望鏡直播視訊（Periscope），讓所有使用者都可以將自己的日常生活即時傳向全世界，而這一步將人類熱中於自我揭露的狀態又往前推進了一步。隨著物聯網持續普及，再加上與家電用品、珠寶，以及遍及各層面的電子智慧助手產品結合，這類數位監督的程度只會愈來愈嚴密。提到資訊揭露，自願與非自願的分野，近得令人不安：我們會心甘情願地戴上記錄我們位置的樂活（Fitbits）智能手環，然而亞馬遜取得了測試手環的專利，可以監控健身者的行動、位置與健身功效。我們的慾望、一時興起的怪念頭、習慣與癖好，都成了出賣我們的通敵者、見證者與告密者。當臉書同意政治諮詢公司「劍橋分析」（Cambridge Analytica）取得其八千七百萬用戶資料，以了解二〇一六年美國總統大選選民樣貌一事，在二〇一八年成了眾所皆知之事後，社群媒體所唱出的浪漫田園牧歌與監控世界之間，無疑只剩下一片刀鋒的距離。

在這樣高度曝光的環境下，出現了一個新詞彙。現下，**光學**（optics）這兩個字反倒與光的科學較無關聯，而是與以下情形的連結更加緊密：比起事件或議題本身，事件和議題所造成的視覺印象更為重要。藉由改變資訊的流動，科技革命也徹底改變了我們向外在世界呈現自我的方式，新興詞彙「**策劃身分**」（curating identity）指的是自我推銷、打造個人品牌，並在社群媒體上，針對消費、社會、政治與專業等不同面向，設計與琢磨出不同的個人資料以切合需要；這些在社群媒體上的個人資料都被視為是重要且絕對必要的商品。**數據生態系統**（data ecosystem）指的是既可以創造，又能追蹤消費者行為模式的資訊網。**政治神經學**（neuropolitics）指的是利用辨識投票者臉部表情，來幫助各方政營更進一步分析投票者對特定候選人的反應，而**微型網紅**（microcelebrity）則是指透過Instagram與YouTube這類管道，獲得有限且短暫名氣的人。

僅僅幾十年前還只是毫無意義的「**個人資料探勘**」，現在成了這個「後隱私」（post-privacy）世界中一種產業的自我描述。傳統上，美國聯邦通信委員會（FCC）一直都在保護消費者隱私，舉例來說，他們會阻止電話公司出售通聯紀錄，早期還禁止錄影帶出租店透露租借者資訊。這類的監督機制愈來愈寬鬆。二〇一七年，防止網際網路服務供應商出售客戶資料的法令開了倒車，允許業者從我們的網路瀏覽紀錄與消費歷史中牟利。

如果我們不願默許這樣的行為，可以用膠帶把智慧手機與網路攝影機的鏡頭貼起來。臉書創辦人馬克・祖克柏（Mark Zuckerberg）與前聯邦調查局局長詹姆斯・柯米（James Comey）都承認用過這種古樸的安全防護法，我也不例外。每天早上打開筆電，我都會看到自製的修補成果，那是一塊塊東貼西補的遮蔽膠帶，看起來就像數位世界與物質世界尷尬合作的愚蠢徽章，在努力不引人注意的同時，卻又荒謬地顯眼。

曝光已經從被動變成主動。在珍妮佛·伊根（Jennifer Egan）[4]二〇〇一年的小說《看著我》（*Look at Me*）中，模特兒夏綠蒂因車禍造成臉部嚴重變形後，掙扎著是否要重新建立一個身分。她解釋自己為何選擇當模特兒：「感覺上，吸住他人的目光就像一種行動，而且是最核心、唯一值得採取的那種行動。與此相比，我嘗試去做的其他事情，似乎變得消極且徒勞無用。」我同意。最近教書時，有一組拍攝校園生活的攝影團隊，要在我下午的課堂上進行拍攝，我以為學生都會有所抗拒。我相當有自信地以為那兩位帶著錄影設備的年輕人，必定會讓學生感到害羞，且整堂課的討論也會變得誇張而尷尬。但是結果剛好相反，學生的參與突然間變得更積極、坐在位子上的身體也更挺直，他們更謹慎地選擇發言的詞彙，引述的來源也更精準。在攝影機的注目下，學生們上課的專注度提高了許多，課堂上的溝通更是找到了新的活力。他們在鏡頭前的活躍、參與，或甚至與鏡頭對話，其實跟刻意在鏡頭前表演並沒有太大關係。後來我仔細想了想，其實這個現象也無可厚非，畢竟當這些孩子從產道滑出來、邁出人生的第一步、說出這輩子第一個有意義的字，以及第一次搭上校車的時刻，轉動的攝影機始終伺候在旁。因此，他們理所當然地會以為攝影機的存在不僅友善，更是一種肯定。

然而，攝影機也令人困擾。當一個人的身分認知取決於投射在大眾眼中的形象時，當事人就失去了一些意義，他人格特質的核心會遭到稀釋，某些自信或完整性也會被犧牲。也是時候讓我們質疑隱身和躲避之間錯誤的對等關係了，我們需要重新評估那種不引人注意的生活，具備了什麼樣的優點、設想出一些應付持續曝光的對策，並重新思考在這個新世界裡，保持著無人查探，也無人監視的隱身生活，有些什麼價值。隱身有沒有可能不單純被視為一種避難，而是讓大家認知為一種擁有意義與力量的情況？選擇不活在大眾的目光之下，也可能變成一種莊重與自信的表徵。逃避關注的衝動，不是出於滿足自我的隔離，或毫無意義的服從，而是因為要維持自己的本質、禮教、自主，以及屬於自己的想法與意見；不是為了要

4 珍妮佛・伊根：一九六二年出生的美國小說家與短篇故事作家，她的作品《時間裡的癡人》（*A Visit from the Goon Squad*）獲得二〇一一年普立茲獎與美國國家書評人獎。

從數位世界中撤離，而是為了替永遠暴露在展示間的生活，找到一些真正的替代方案；不是出自未經考慮的自我抹消，而是謹慎的認知；逃避關注的衝動既不可恥，也不丟臉，這樣的默默無名對我們生存的中心價值，或許有絕對的必要性，是融入當前的社會、文化或環境中的一種方式。人類的努力也可以是一件內在、隱密與自制的事。我們可以從深刻的自我保留中有所收穫，而非承擔痛苦。

隱身也可能代表自尊和機會，因為它可以提供一些特權，讓那些在公眾場合吸食大麻或超速的人，頂多只需要擔心被開張罰單，而不必煩惱被戴上手銬或送入牢中。在許多日常事務上，不受人注目可能是件非常有利的事。遺憾的是，斷網斷電、數位戒毒和隔絕聯繫，都只是特定的專業人士、學術佼佼者，以及企業菁英才能享有的奢侈作為。我認識一位正努力從兼任講師爬到正職教授的年輕教師，他用輕蔑的語氣告訴我，有一批到摩洛哥旅行的企業執行長，旅行期間沒有社群媒體「來啟發我們，讓我們明白斷網斷電的樂趣。簡直笑死人了。他們的員工如果也有樣學樣地不插電，可能就得回家吃自己了。如果我不自我推銷，就不可能每個學期都有工作。我當老師的價值不是奠基於花在教室裡的恬靜時刻，而是建構在對外公布的資訊中，以及我在新聞稿裡有多性感。」

隱身這件事，對活在社會邊緣的人，意義卻完全不同。對那些因為貧困、屬於弱勢族群，以及社會底層的邊緣人口來說，隱身成了排外、異化，以及屈服的代名詞，也是讓整個群體都受到漠視的理由。一名坐在紐約人行道上的遊民，膝蓋上豎著一塊硬紙板，上面就寫著「還不如隱身算了」幾個字。正因為與社會疏離者、受輕忽者的這種關聯，隱身二字的名聲並不好。躲避與神祕兮兮的行為，一成不變地被眾人視為與不尊重、成見、歧視、羞愧和失敗有所關聯。在某些群體中，這的確是事實。然而，許多退休且到了一定年齡的男男女女，以及那些推特粉絲數不如期望的千禧世代，他們所認定與體驗的隱身，卻幾乎沒有為他們帶來任何負擔。隱身可以代表這個意義，也可能代表完全相反的意義；隱身可以成就某些事，也可以摧毀某些事。隱身成了一個富含各種意義的概念。我們有沒有可能超脫所有這些意義，在不受注目的世界中，為隱身找到一個更重要的人類價值？

人類價值中最不值得一提的就是虛榮。與外界連結，是今天許多人視為絕對必要之事，而曝光則是與外界連結的副產品。網站、數位論壇、社群網站，以及留言板這些東西，不僅給了我們巨量的核可力量，也帶來了束縛，以及一種必須繼續積極投入外面更大世界的感受。網上的族群無視地理與政治分野，不斷滋養著忠誠度與專業性效忠。這樣的網絡讓不同的人得以接觸並交換想法、經驗與知識。在某些狀況下，隱身正是確保這些網路聚會成功的絕對要件。我認識的一位管理顧問對我說，虛擬團隊中的個人，可以在不透露性別、年齡、種族與社會地位的方式下貢獻意見。「這種脫離肉體的溝通，在虛擬的環境中，有更多的機會可以受到傾聽，」他這麼說。「而且個性害羞，以及那些在其他情況下只會待在幕後的人，通常也都回饋他們覺得在提供意見或想法的時候自在得多。」

然而，這樣的隱身方式其實也伴隨著持續的曝光。有位朋友的網站最近掛點了。她是位頗受敬重的作家，出了好幾本書，寫過無數的評論，透過部落格與讀者保持聯繫，曾接受國家電視台的訪問，也在全國各地閱讀自己的作品以及演講。主流媒體曾討論她的想法，其他媒體則將她的意見納入公開的討論內容中。她的網站是她與讀者溝通的平台，每天大約有一百五十位的讀者固定上她的網站看看，而她每次在媒體露面，進入她網站的人數就會增加至近一千五百人。「那是個賣書的工具，」她說，「是條動態與交流的管道，也是我接觸這個世界，以及世界接觸我的一種方式；那是我進入這個世界的通道。這個平台強大又巨碩，所以當這個平台消失時，我覺得自己所有的身分認知全都隨之消散。沒有人找得到我。我隱身了。」她把網際網路視為通往更廣大讀者族群的一條虛幻細絲，並形容網站掛點時的衝擊就像是身體爆炸。但是她停頓了一會兒後又說：「但大概有百分之二的我覺得，其實也沒什麼嘛。」

我有興趣的正是這百分之二的部分。因為這百分之二可能就是重拾隱身的權威、拯救隱身更高層面的意義，以及經過仔細思考後，重新將隱身視為人類經驗的一種正面狀態的時刻。人類正在對所有我們曾經歷卻未注意的事物，尋找翻新的興趣。結果，攤在公眾眼前的形象，或許並不如我們以為的那麼不可或缺，而且這樣的認知很可能從Snapchat在二〇一二年只允許影像在網路上短期張貼時就開始了。在現今的時尚圈，有些設計師公然譴責品牌。有人描述一位新興的時尚創業家「從不跟新聞媒體打交道」，在網路上也搜尋不到他的新聞照片。這位企業家的穿著頗具偽裝效果：牛仔褲、工作靴，以及沒有紮進褲子的格子襯衫。除此之外，新手父母軍團現在不再願意把孩子的照片張貼在網上了。我有位最近升級為祖母的朋友拍了幾十張她寶貝孫女睡覺時的數位照片，結果被她三十多歲的兒子說了一頓：「拜託，老媽，只要**用眼睛看看**她就好了！」新世代的青少年現在也避免在社群媒體上公開自己的約會經驗。或許因為現在大家都認為關注自己是件會干擾到他人的事，而羅馬競技場、凡爾賽宮、麥加、芝加哥一年一度的蘿拉帕羅薩音樂盛會（Lollapalooza）、雪梨歌劇院，以及迪士尼魔幻王國，更是禁止使用自拍棒。

謹慎所代表的新觀念，突然間無所不在地被行銷與商品化。有天下午，我走在紐約曼哈頓街上，才走了幾個巷子，就先後看到自稱「匿名」（Anonymous）的髮廊，以及取名「隱姓埋名」（Incognito）的餐廳。更超現實的例子還有妮維雅這個品牌，甚至將推廣隱身的概念應用於強化化妝品的效用，將一款不會在任何顏色衣物上留下汙漬的體香產品，取名為「黑白出眾隱身爽身系列」（Invisible for Black and White）。「盲」（Blind）是一個新的聊天應用程式，這個應用程式可以讓科技公司員工匿名討論薪資、公司階級組織與政策。至於最近出版的一本名為《隱身的藝術》（*The Art of Invisibility*）這本書，提供了隱藏個人資料的各種建議，書中有好幾個章節分別討論了加密演算、生物特徵防盜鎖，以及如何建立「一個與自己完全無關的」的身分。

最近一齣虛擬實境的電視影集《看不見的人》（*Invisible*），講述紐約一個知名家族的財富、地位，以及對世界經濟的影響，似乎全來自一種可以讓自己隱形的遺傳超能力。「每個家族都有祕密」，是這齣戲的核心宣傳。二〇一五年，美國全國保險（Nationwide）在超級盃足球賽期間推出一個電視廣告，內容是女演員明蒂・卡靈（Mindy Kaling）將一般人無視有色女子的現象，當成了嬉戲的工具：在洗車間閒晃、斥身裸體地在中央公園做瑜珈，以及在超市裡一邊閒晃、一邊捧著一大桶冰淇淋狂嗑，而在這所有行為的過程中，卡靈獲得了前所未有的解放與怡然自得感。

二〇一五年秋天的萬聖節，最受歡迎的裝扮服包括了一套全黑的聚酯乙烯緊身衣。這套完全貼身的衣服，最大特點就是沒有人可以在晚上看到穿著者，這套隱身服不能說是**某人**的裝扮服，而是名符其實的**無人**服。孩子們不再罩著白色被單當模糊幽靈，而是簡潔明快地選擇直接消失。穿上了無人服的孩子不是鬼，他們誰都不是。我不清楚那個穿了隱身服並偷渡到我陽台上的孩子怎麼會選上這樣的裝扮，不過我猜應該跟她已錄進了錄影帶中的出生過程、遭到監控的育嬰室經歷，以及分分秒秒都被記錄下的人生第一步、第一句話有關。有個朋友最近告訴我，她兩歲的孫女已經知道怎麼在蘋果手機鏡頭前搔首弄姿，她很清楚自己的腳應該以什麼樣的角度伸出去，以及小臉應該怎麼偏傾。

所以，哪個孩子或成人不會受到整套偽裝的吸引？誰不想時不時地溜出大眾的視線？在隱私空間愈來愈受擠壓的世界裡，不引人注意這件事，具有一定的威信、高度與神祕感，甚至擁有一種魔力。這可能正是隱身之所以能夠挾著奢華品牌的形象華麗展現的原因。價值千萬以上的勞斯萊斯幽靈車（Ghost），標榜行駛時的安靜、馬力、低調，以及「從外在世界呵寵你」的能力。產品網頁的廣告詞，輕輕敲開了權威與隱身的交會，吟頌著「風格的精髓。下一個章節。我是幽靈。」不為人所見、以幽靈般的存在安靜移動的概念，已經成為一種珍奇、商品、身分地位的表徵——以及所有人希冀之物。

對H．G．威爾斯（H. G. Wells）[5]與勞夫．艾利生（Ralph Ellison）[6]而言，隱形的力量並非新鮮的想法，他們兩人都寫了關於隱形人的小說，在故事中，隱形也都反映了令人不安的社會力量。在威爾斯一八九七年的科幻小說《隱形人》（*The Invisible Man*）中，葛芬是個自稱「實驗偵探」的物理系學生，他因為在研究實驗中行差踏錯，將一種把貓兒漂白並弄瘋的藥水注射入自己體中。然而，葛芬依然說隱形「將會超越魔術。當疑惑全都散去，我眼前出現的是一幅神奇的景象，是隱形對人類所可能代表的一切意義——神祕、力量，以及自由。而且，我看不到任何負面的影響。」葛芬就懷著如此高的期待，讓自己隱了形，一開始是為了好奇與方便，但沒多久，他就發現自己的道德敗壞，因為他搶了自己的父親。接著他又發現無法逆轉隱形的過程。電影版的詮釋包括了一系列令人難忘的畫面：當頭上的繃帶緩緩揭開，顯露出來的是虛無的空間、一件在屋裡飄移的白襯衫、一台無人騎乘卻慢慢駛離的自行車，以及一根懸在空中的香菸。葛芬的身體直到他離世才再現，暗諭科學的進程也許會令我們喪失自己的本質與人性。

一九五二年，艾利生《隱形人》（*Invisible Man*）中的無名主角，對於非裔男子無法在美國社會立足的現實感到忿忿不平；他的隱身是周遭白人的臆測、信仰與期待的結果，而且他的隱身狀態隨時會因環境而變。「當白人靠近我時，」他在故事的開頭這麼說，「他們的眼裡只有我身邊的環境、他們自己，以及他們想像的虛構內容——沒錯，他們看得到所有的東西，就是看不到我。」儘管不存在他人的視線，這位主角仍必須扛起虛偽的身分、使用暫時的化名，並戴上荒謬的偽裝。

隱身聯盟中的另一位成員，是隻高達一百八十三公分，名叫「哈維」（Harvey）的擬人兔，它是一九四四年瑪麗．切斯（Mary Chase）[7]劇本中的主角，而這部劇本也是以它命名。切斯看到因戰爭痛失獨子、日復一日行屍走肉般去工作的鄰居，便動手寫下這個劇本。她從塞爾提克神話裡汲取靈感，把這隻大兔子塑造成哲人、想像的朋友、顧問，以及來自精神世界的外交大使，它傳達著仁慈比智慧更加重要的信息，並在一個厭戰的國家引發共鳴。這隻兔子滑稽卻龐大的存在，促使大家嚴肅思考精神疾病、酗酒、社會規範，以及人類想像力的力量等議題。

上大學的某個夏天，我在一家正演出這齣戲的劇場打工，連續兩個禮拜的晚上都在看這

5 H．G．威爾斯：一八六六～一九四六，英國多產作家，作品含括小說、短篇故事、社會評論、諷刺小品、傳記，以及自傳等不同的文學類型，公認為科幻小說之父。

6 勞夫．艾利生：一九一四～一九九四，美國小說家，以《隱形人》一書獲得一九五三年美國國家書評人協會獎。

7 瑪麗．切斯：一九〇六～一九八一，美國記者、劇作家，以及兒童小說作家，以百老匯歌劇《哈維》（*Harvey*）最為著稱，該劇本還獲得一九四五年普立茲獎。

齣戲。四十多年過去，我發現自己竟然不確定這隻超級大兔子是否曾出現在舞台上。我清楚記得這隻有著巨大粉白腳掌與高聳巨耳的龐然大物雙腿交疊，懶散地安坐在壁爐邊的搖椅上。我甚至可以聽到它溫柔的聲音。但是，沒有，我發現整齣戲裡，它既沒有出現，也沒有出聲，它只存在於演員的對話與行為中。我的這個錯誤，不僅跟人類記憶的創造力有關，也涉及了見與未見之間可以彼此滲透的那條線，以及想法與畫面在人類想像世界中成形，並從虛無的空間成為具體存在的方式。將哈維與威爾斯的葛芬或艾利生的無名主角相提並論，並非是要降低後者故事中所探索的真實與冷酷的社會缺憾面。相反的，那隻溫和的兔子正說明了隱形可以把難以捉摸的真實、智慧與敏銳帶進我們生活中的另外一個例子。看不見的存在確實可以擁有獨樹一幟的高度與地位。

我們似乎愈來愈看不清如今居住的世界。然而，我發現隱藏的方式很可能並不少於顯露的作法，一如數位時代在提供了我們幾乎無數透明的新形態同時，也提升了隱蔽的方法——隱形裝備（cloaking devices）、擴增實境程式設計（augmented reality programming），以及利用紅外線扭曲肉眼可見物的反光布疋等等。

只不過即使是科技尚無力可及的範疇，二十一世紀見與知之間的裂縫，也正前所未見地擴大中。我們知道宇宙中包含了抽象、不可避免且正在擴大的暗物質與暗能量。一般認為百分之二十七的宇宙是暗物質，百分之六十八是暗能量，可見的宇宙僅占百分之五。在《偶然的宇宙》（*The Accidental Universe*）一書中，物理學家艾倫．萊特曼（Alan Lightman）整理出了幾種眼睛看不見的範疇：正在膨脹的宇宙、地球的轉動、微波與無線電波、時間膨脹，還有次原子分子的波狀性質。但他接著又提到「這種知識，遑論從這種知識衍生出的科技，已經與隱身建立起一套有效的運作體系。」換言之，就算我們看不到，我們也知道。

然而，這樣的熟悉感，也同樣可以追溯到其他層面。因為無需贅言，**完全不需要廢話**，我們全都是在不可見的環境中熙來攘往，每一天、每一刻。監控設備與社群媒體的豪華演出，很可能引導我們相信另外一回事，但是我們所信任的事物，以及我們承諾自己的想法都是看不見之物，一如我們所有的感情羈絆與精神信念。或許，我們對隱身的興趣，是從我們如何躲避自己開始——我們的希冀、恐懼、期待，以及動機，是如何深深隱藏在自己有意識的生活與行為之下。一如我們才剛開始了解我們所見到的光，只不過是整個電磁光譜中的一小部分，現在的我們知道有極大部分的人類知識與經驗，仍停留在我們看不見的地方。我們周圍的世界是一本有關慎重其事的百科全書。就像大衛．米契爾（David Mitchell）[8]在《雲圖》（*Cloud Atlas*）中所寫：「力量、時間、重力、愛。這些真正要命的力量，全都看不見。」隱身這兩個字的普及性，正在增長。

大衛．茲維格（David Zweig）[9]在他二〇一四年的著作《隱形人：致工作場所未被讚頌的英雄》（*Invisibles: Celebrating the Unsung Heroes of the Workplace*）中，列舉了幾乎無需考慮個人升遷，大家就能有絕佳表現，並能從中獲得極大個人滿足的幾種方法。事業上的成功可以是件「把工作做到異常傑出，（而非）追求別人關注自己」的事，這個在當今社會顯得古樸的概念，對於一、兩代以前的人來說，可能根本就是不需明說，但大家都在身體力行的一件事。茲維格發現，從確認事實工作者、芳香設計師、構造工程師，以及電視影集道具師這類工作者身上，可以找到三個共通特徵，那就是他們對於認可、謹慎，以及責任的體會，都有著雙重標準。

我在自己認識的一些選擇匿名的朋友身上看到了這些特徵：有位為電影設計特效的朋友，寧可不在他的信用卡顯示自己的名字；一位木匠朋友就是不要在自己嘔心瀝血打造出來的作品上簽名；還有一位平面設計師友人，她之所以選擇這個職業，就是因為這個工作所具備的自主選擇權。「我不知道圖像設計師是什麼樣子，」她這麼告訴我。「沒人在乎我是什麼模樣。我就是不想出名。工作就是工作。」就像茲維格在書中所說：「這就是隱形人從工作本身得到的純粹滿足，他們不需要認可，而這個極度腳踏實地的特徵，可以當成我們所有人的追求目標。隱形人並不是排外的一群，他們只是待在我們所有人都生活其中的色譜另一端。我們其實全都是隱形人，只不過隱形的程度、方式與環境迥異罷了。」

在建築與設計業，隱形也能成為一種平凡的美德。德國工業設計師迪特・拉姆斯（Dieter Rams）認為，偉大的設計本身並不會引起注意，卻能讓使用者提起筆、坐下來，或閒適地走進建築物中，完全不記得設計這兩個字的存在。咖啡壺、刮鬍刀、鍵盤都直白地透過自己的造型解釋使用方式。一個世代之後，加拿大設計師布魯斯・毛（Bruce Mau）重申好的設計都是看不見的——看得見的，都是失敗作品。在資訊時代，設計隱形具有更偉大的價值與意義。新一代的建築師慢慢地了解到，偉大的建築不是只有造型與建築，還包括了環境、氣候、能源與生態，而光線、空氣、能源與熱，與傳統具體的建築材料一樣不可或缺[10]。

8 大衛・米契爾：一九六九年出生的英國作家，其小說《九號夢》（*Number9dream*）與《雲圖》均曾入圍英國布克獎。

9 大衛・茲維格：美國作家、演講者與音樂人。

10 原注：Avinash Rajagopal, "Three Forms of Invisible Architecture," *Metropolis*, November 2014.

二〇一六年秋天，紐約現代藝術博物館主辦了一場名為《塵聚》（*Dust Gathering*）的聲展時，看不見的世界又稍稍提升了些許知名度。這場聲展請參觀者無需顧慮展覽中傳說有名的代表作品，而是讓大家注意壁台、窗台、門口、百葉窗、窗架，以及藝術品上堆積的岩屑。過敏體質的人，以及平常聽都沒聽過的藝術品處理師與其他博物館員工，都被問到以下問題：世界各地的參觀者帶進博物館的所有灰塵，實際上是如何從地球和更大的宇宙世界落腳於此。博物館相關單位檢驗了館內空氣濾淨系統，以及館內最難清理的藝術品。為了防範參觀者用嬉鬧或諷刺的態度看待博物館對管理方面所做的努力，館方提醒我們，這些毫不起眼的岩屑，同時也是神學的一部分，因為人就是從塵土而生，最終也將歸於塵土。

詩詞或許是通往隱身最適切的媒介。畢竟華勒斯・史蒂芬斯（Wallace Stevens）[11]曾明白指出詩人是「隱身的祭司」。娜歐蜜・施哈伯・奈（Naomi Shihab Nye）[12]在她的詩作《消失的藝術》（*The Art of Disappearing*）中建議大家帶著輕盈的感覺旅行。當有人在雜貨店裡認出你時，她主張你應該「冷淡地點點頭，然後變成一顆高麗菜。」接著她又建議：「如葉片般閒晃。／知道自己隨時可能跌落。／**於是**決定如何處置自己的時間。」這片隱形的葉子並沒有犯罪，它沒有搶奪任何人的財物，也未試圖逃離任何事情，它只是不受任何人注意。

奈的森林裡有很多樹，很多葉子。我可以告訴你，隱身不是寂寞、不是孤單、不是祕密，也不是寂靜。這個議題的本質，讓這個議題變得難以理解，但我希望能整理出一本隱身的入門指南，一本讓我們重新熟悉不可見世界的可能性、讓我們用更積極投入與更具創意的參與方式，在這個不可見世界中重新想像並再造屬於自己的天地。透過這本入門指南，找到持續待在別人視線之外的方法，或許會是個充滿想像力的練習。不引人注意始於自我保護，但很快就延伸成自立自強，以及對自己是誰、對自己在萬事萬物中的歸屬之處更深的體會。

隱身是個千變萬化的概念，可以在程度或重要性上微小到不足說道，也可以受到嚴重貶抑，被當成遁逃、欺騙、心靈空虛、失蹤，甚至滅絕的同義詞。隱身可能帶來隨機且悲慘的

11 華勒斯・史蒂芬斯：一八七九～一九五五，美國現代主義詩人、律師與保險公司高階主管，他的詩作於一九五五年獲普立茲獎。

12 娜歐蜜・施哈伯・奈：一九五二年出生的詩人、作詞家與小說家。父親為巴勒斯坦人，母親美國人，在美國長大，認為德州的聖安東尼奧（St. Antonio）為家鄉，為二〇一三年紐斯塔特國際兒童文學獎（Neustadt International Prize for Children Literature）得主。

損失，就像稚齡孩童慢慢浮現的本性與能力，似乎全隨著自閉症的出現而消失，又譬如年邁老人鮮明的個性，似乎因為阿茲海默症發作而不復再見。然而，你若飽受社交恐懼症困擾，除了消失，你可能什麼都不想要。隱身可以是一個隱喻、一場視覺魔術、一種精神狀態、一個物理學的研究議題，也可以是一個神經科學的問題。隱身可以屬於物質世界，也能歸類於天國；可以強而有力，也能軟弱無能；可以受人希冀，也能遭人藐視；可以渾沌不明、複雜難解，也能直來直往，甚至平凡瑣碎。一般人相信隱身通常與作惡的能力、逃避某些事情、欺騙、說謊，或偷竊這類的道德犯罪息息相關。然而，隱身也可以是正面的力量。

一個人可以在獨處時消失，也可以在一般人描述團體所有成員全都發自內心地在想法與行動上齊心時所用的詞彙「集體亢奮」（collective effervescence）時消失。隱身可以稍縱即逝，也可以長久持續；我們或許需要遵循第一世紀老普林尼（Pliny the Elder）[13]的建言，找顆含有紅斑的綠色碧玉，以及一株正在開花的天芹菜，唱出一連串的歌曲[14]。在民俗學者史提斯．湯普森（Stith Thompson）收集的隱身術目錄中，隱身的配件包括了花、蠟燭、石頭、面具、種子、鳥巢、藥草、襯衫、劍、鏡子，以及動物的心臟[15]。隱身術可以真實得有如我家陽台紫藤枝上竹節蟲的樹枝擬態，也可以怪異得像專門從牛奶桶裡偷奶泡，但從來無人見過的冰島巨人（Gully Gawk）。

這本書接下來要談的，既不是物理學問，也不是新科技簡介。許多通往隱身的其他管道，以及更細膩的方式，可以幫助我們逃避社群媒體與監控設備的不斷侵擾。你可以少用推特，改讀馬克．史特蘭（Mark Strand）[16]的詩作，或學學如何潛水。

我是從自然世界開始了自己實地考察隱身地形的工作。在自然的世界裡，人類想要受人注意的強迫性需求，顯然比我們想像的還要低。在自然的世界裡，不引人注意是一種力量，而非軟弱，而且一如美國自然學家約翰．柏洛夫斯（John Burroughs）在他的散文作品《見物

---

13 老普林尼：西元二三～七九，羅馬學者。

14 原注：Ioannis Marathakis, "From the Ring of Gyges to the Black Cat Bone: A Historical Survey of the Invisibility Spells," Hermetics Resource Site, 2007, www.hermetics.org/Invisibilitas.html.

15 原注：Wendy Doniger, "Invisibility and Sexual Violence in Indo-European Mythology," in "Invisibility: The Power of an Idea," ed. Arien Mack, special issue, *Social Research: An International Quarterly* 83, no. 4 (winter 2016), 848.

16 馬克．史特蘭：一九三四～二〇一四，加拿大生的美國詩人、散文家與翻譯家。一九九〇年，美國國會圖書館曾敦聘他為「詩詞之桂冠詩人顧問」，二〇〇四年獲華勒斯．史蒂芬斯獎。

的藝術》（*The Art of Seeing Things*）所說，身處大自然中，「鳥類、動物，所有的野生生物，大多都會試著躲避你的注視。鳥類用的方法是躲進自己的巢窠中；你所追捕的大型動物，牠們的解套方式是讓自己隱身。」不過，我接下來的隱身實地考察，是紐約的一家咖啡廳、紐約羅徹斯特的一個物理實驗室，還有布魯克林的一家虛擬實境工作室。我的旅程起自交通顛峰時間的紐約中央車站，途經大開曼島（Grand Cayman）外的珊瑚礁，直到冰島一座碼頭城鎮的岩石裂縫。

我了解了當自我消失時，同理心擴增的可能。在海底，隱身是件浸在水中，並且需要重新評估體重與自身存在的事。但在冰島的旱地上，隱身卻是一種想像的行為；在那兒，相信我們看不到的那些族群也屬於冰島歷史與地理的一部分，與我們如何和數位世界裡自己所扮演的不同角色互相合作，息息相關。

網路上很可能有更多、更多的網站——只不過我沒看到而已。不過，所有的網站都暗示我們可以在人類各種不同的經驗領域中隱身。所有的這些網站都提供了方法，讓我們重新為自己定位、重新思考自己的環境、從曝光的劇場中退後幾步，以及去尋找當我們走出人類視線時，可以獲得的強大內心世界。

有時，我覺得自己走向隱身的探索之旅，似乎可以分成兩個部分。隱身世界包含了對我們來說，所有完全不顯眼的人、事與行為。但我們自己的隱身能力卻又是完全相反的一件事。我開始愈來愈了解，這些經驗領域之間的界線其實並不明確，很容易就泯滅，也經常泯滅。看不見的世界包裹著我們。看不見的世界，其實就是我們自己。

當克里斯多夫．拉許在四十年前透露對朦朧不清的懷念時，他其實是在附和哲學家與政治家艾德蒙．伯克（Edmund Burke）[17]的想法。伯克在他一七五七年的文章〈從哲學的角度探索我們對雄偉與美麗的概念源自何處〉（A Philosophical Enquiry into the Origin of Our Ideas of the Sublime and Beautiful）中，大聲鼓吹他稱之為「明智的朦朧」（judicious obscurity）。伯克認為想像力有興趣的是未知與不可見的事物，而他的結論是，詩作「以及其朦朧不清的特質，相較於其他藝術，對於熱情有更普遍但更強大的支配力。而自然界隱蔽不明的概念，若傳達得當，之所以要比清楚明白的道理更撼動人心，我認為也是這個原因。」又或者引用赫胥黎（Aldous Huxley）[18]更謎樣的話來說：「我深怕失去自己的遮蔽之力。毫無虛偽的真實

17 艾德蒙．伯克：一七二九～一七九七，英國政治家與哲學家。
18 赫胥黎：一八九四～一九六三，英國小說家、散文家與詩人。

只能在黑暗中茂盛。就像芹菜。」

相較於過去，我覺得這樣的看法與我們的關係更為緊密，對我們的必要性也更加絕對，這並不是因為我們應該更謙遜、保守、謹慎，或沉默——雖然這些特質，對我們大概也有好處——而是因為地球暖化。很快，地球上就會有九十億人口。我們將別無選擇，必須重新評估自己在萬事萬物中的位置，而這份重新評估的工作，或許還跟我們如何重新評價自己的本質、想像如何在程度上降低物質需求，思考如何以不同的方式存在於這個世界有關。我們，每一個人都一樣，所具有的重要性遠比我們以為的要低。

當有人問陶藝家夏娃・吉賽爾（Eva Zeisel）如何製造美麗的物品時，她給出了一個很有名的答案：「只要避開人群就行了。」

第一章

對不同的人來說，隱身的演進有不同的程度。

——瑪琳娜．華納（Marina Warner）[1]

「隱友 The Invisible Friend」

1 瑪琳娜．華納：一九四六年出生的英國小說家、短篇故事作家、歷史學家與神話收集家，以女性主義和神話相關的非小說類作品聞名。二〇一七年獲選英國皇家文學學會（Royal Society of Literature）會長，為該會有史以來第一位女性會長。

我兒子路西安兩歲的時候，把他祖母的純金耳環丟出了窗外。那時大人要他睡午覺，他不願意，於是奮起造反。他受到了切合他罪行的懲戒，但和許多父母可能會有的反應一樣，我很好奇，他的這個舉動是測試地球重力的小實驗嗎？他是稍後想把這樣值錢的寶貝找回來納為己有嗎？抑或他把耳環丟出窗外，只是因為他討厭這種東西？我養出一個小賊了嗎？小傢伙的行為果決，但他的計畫是什麼？當然，這小子現在什麼都不記得了。就算當時他有什麼偉大的計畫，也早就煙消雲散了。

我後來慢慢知道，對小小孩而言，我兒子的那種行為一點都不奇怪。他當時正在探索一個神奇的真理，那就是他**自己**可以讓東西消失。五、六個月大的嬰兒會產生一種認知：就算自己沒看到，物品與人仍然存在。兒童心理學家將嬰兒這樣的發現稱為**物體恆存**（object permanence），這種認知是幼兒發展的一個里程碑，也是在向小寶寶自己保證，就算沒看到媽媽——或者奶頭、奶瓶，甚至發出聲音的小玩具——她也一定會回來。

這時期的小寶寶也開始理解一個令人毛骨悚然的事實，那就是東西雖然不在眼前，卻不表示不見了。這樣的理解讓惡名昭彰的隱私概念開始萌芽，也是躲貓貓遊戲為什麼可以為小小人兒帶來無比喜悅的理由：我看不到你，可是我知道你還在這裡。我看不到你，可是你看得到我。物體恆存是一種經常引起歡鬧的矛盾，也可能是我們與看不見的世界連結的開始。

然而，這只是孩子藉由遊戲體驗隱身的濫觴。

在整個童年階段，出現與消失、來與去、躲藏與顯露的行為，是無數種遊戲中的共同標的。我兒子還在蹣跚學步的時期，最令他們興奮的事無疑就是埋在棉被、毯子，或一件外套下面，把自己完全藏起來，然後稍稍地動一下、笑兩聲，不然就是尖聲大叫，透露一些線索，讓你知道他們在哪兒。他們會靜靜地等著。一會兒之後，又出現了更多的笑聲與輕微的動作。孩子們就是透過這樣的方式，發現他們可以影響與控制自己被找到的過程，以及隨著別人看不見他們而可能產生的感覺，或許還有力量與權力。

等他們長大一點，捉迷藏這種結構更清楚的遊戲，給他們帶來了一個機會，讓他們能安全地探索消失的力量，並確保被找到的過程緊張刺激；孩子們簡直就是精神分析家溫尼考特（D. W. Winnicott）陳列櫥裡完美的小樣本，因為溫尼考特曾說，「隱藏是種喜悅，但沒人找得到卻是場災難。」如果躲貓貓攸關認知發展，那麼捉迷藏就跟情緒發展有關。

根據廣泛研究兒童的精神治療師大衛．安德艾格（David Anderegg）的說法，前者是種思考過程、一種解決問題的方式，而後者則與情緒感知與理解如何管理自己的感情有關。「捉迷藏這個遊戲的樂趣在於，當你藏起來時，你堅信自己仍存在他人心中，因此發現並意識到力量，」安德艾格這麼說。「你是他人想要的對象。你是別人尋找的目標。而被找到就是一種肯定[2]。」他指出，若有孩子不曉得遊戲取消了，仍躲在樹後或樓梯下，結果發現根本沒人在找他時，會覺得很難過。若要說以看到和看不到為主的這些遊戲與練習，可以當成孩子們培養自主性的早期指導，或許也不是太牽強。

也因此兒童文學裡到處都是披風、帽子、戒指、盾牌、藥水等可以施展隱身術的工具，也不足為奇了。孩子在成長為更大世界裡的公民同時，兒童故事不斷提及孩子想像的力量與隱身有關。隱形的力量具啟發性、保護性、便利性，而且還能當成通往知識的道路。格林童話〈十二個跳舞的公主〉中的隱身披風，可以讓一名流浪士兵陪著這些公主到銀色的湖邊與金色的森林中，揭開公主在哪兒跳舞與和誰跳舞的謎底。哈利波特故事中那件有七百年歷史的隱形斗篷，可以阻擋咒語與魔法，讓哈利波特在各種挑戰中，毫髮無傷地存活下來。在《凱文與跳跳虎》（*Calvin and Hobbes*）的漫畫中，凱文真的相信——他媽媽也真的相信——只要有人請他幫忙，他就能隱形。他喝下了靈液，以偷餅乾這個挑戰來測試自己的隱身術效果。

安徒生一八四五年所寫的〈鐘聲〉（The Bell）是一個敘事性更強的故事，講述村人尋找太陽下山時會聽到的遙遠而神祕的短暫鈴聲源頭。他們走進森林探查聲音的來處，但有些人變得氣餒並且放棄尋找，其他人則用空樹幹中的一隻貓頭鷹這種想像出來的理由，去解釋鈴聲的源頭。後來一位王子和一個窮困的小男孩在穿過了黑莓叢、走過了開滿木百合與天藍色鬱金香的草地、進入了苔蘚遍布的森林，並終於走近海邊後，解開了這個天樂般的鈴聲究竟從何而來的謎題。他們在夜與日的交會空間中，發現了位於森林、海洋與穹蒼之間的大自然教堂，而隱形鐘的鐘聲就在其間鳴響，這個故事隱喻孩童的純真、與生俱來的信任，以及毫不掩飾的好奇心，正是他們能夠成為絕佳的旅者，走進聖靈世界的原因。

孩子也能夠領略空間的隱形。法蘭西絲・霍森・柏納特（Frances Hodgson Burnett）[3]的《祕密花園》（*The Secret Garden*）是經典的英國童話故事，內容敘述一個孱弱且沒人疼愛的小孩，如何在約克夏寒冷荒野中的一座圍牆內的祕密玫瑰花園中找到友誼。正如路易斯・卡羅（Lewis Carroll）的愛麗絲跌入兔子洞，凱・湯普森（Kay Thompson）[4]的艾洛思（Eloise）

2 原注：引述自二〇一六年三月二日與安德艾格的對談內容。

3 法蘭西絲・霍森・柏納特：一八四九～一九二四，英國出生的美國作家與劇作家，以《小公子》（*Little Lord Fauntleroy*）、《小公主》（*A Little Princess*），以及《祕密花園》三本童話故事著稱。

4 凱・湯普森：一九〇九～一九九八，美國作家、歌手、音樂家、舞者、演員。艾洛思正是她所創作的童書角色，深受大眾喜愛。

憑藉只有她知道的許多通道和迴廊，游刃有餘地在紐約大飯店（Plaza Hotel）中穿梭。在兒童的王國裡，孩子們通常都是透過隱藏的途徑進行探險：也許是一個房間、一座花園、一棵樹、一棟樹屋、一叢灌木、衣櫥、閣樓的一個角落、樓梯下的空間、河上的竹筏，或者一件家具的內部，例如C・S・路易斯（C. S. Lewis）的大衣櫥，就是通往滿是奇幻與神話生物的納尼亞森林入口。這些都是大家所不知也看不到之處，而一旦進入這些地方，人就會從原來的世界消失——不論是為了獨處、逃避、作夢，抑或作為追求人類或聖靈世界中深奧知識的途徑。有很多地方都能讓孩子的想像力自由馳騁[5]。「人類普遍的權利究竟始於何處？」小羅斯福總統的夫人艾蓮諾（Eleanor Roosevelt）一九五八年曾在聯合國演講時如此問道。「始於離家很近的小地方——而且就是因為太近、太小，以致世界上的任何地圖都看不到這樣的處所。」

提到捉迷藏對兒童的重要性，紐約心理學家愛麗森・卡波（Alison Carper）這麼寫道：「我們偶爾都需要把自己藏起來。我們需要進入自己心裡的私密空間，思考如何處理自己的各種想法。我們需要進入這樣的空間，才能反省。[6]」她說，一旦走入那個空間，我們就會渴望想要找到我們的人能夠找到我們。若對我們重要的人一直不知道我們的存在，那麼躲藏就會從遊戲變成一種生活方式。她也認為，對自我內在感受有深刻的體會，有助於我們發展親密關係；而且認知到我們所不知道與看不到的自我，以及只有在我們自願選擇奉獻那樣的自我，對於我們投入親密關係的能力絕對必要。重視內在的經驗，對於發展自我的意識至為重要，而如何向世界展現自我，又與我們如何在需要的時候避開他人的視線，有著密不可分的關係。

在孩子們的遊戲中，學習管理隱身是一種內在的過程，一如佛洛伊德在他十八個月大的孫子玩即興的去／來遊戲（fort/da game）[7]時，所觀察到的情況一樣。他的小孫子會把一根連著繩子的木頭捲軸拋過床篷，然後再捲收繩子，把木頭捲軸拉回來。當這孩子再也看不到丟出去的捲軸時，他會用德文說「去囉」。當丟出去的捲軸再度回到他眼前，並掌握在手中時，他又會用德文大喊「回來了！」。小傢伙一遍遍不斷重複著這些動作與詞彙，而他的玩具也這樣來來去去，在他的視線中出出進進。

---

5 原注：Ronda Kaysen, "Secret Spaces," *New York Times*, October 16, 2016.

6 原注：Alison Carper, "The Importance of Hide and-Seek," Couch, *New York Times*, June 30, 2015, https://opinionator.blogs.nytimes.com /2015/06/30/the-importance-of-hide-and-seek/.

7 去來遊戲源於佛洛伊德的《夢的解析》（*The Interpretation of Dreams*）一書。

在佛洛伊德的眼中，這個遊戲代表著兒童正在努力處理母親不在身邊時的情況，然而在我看來，這似乎只說明了孩子對於幾乎所有物體都會來來去去的狀況，感到極其有趣。學習並了解物體如何能在物質世界中出現又消失的過程，無疑可以激起大家的高度好奇。當有人發現檸檬汁、蘇打粉，以及其他廚房裡常見的材料所引發的化學變化，竟然是隱形墨水的製作方法時，更是開啟了大家對文字的短暫性的認識。不知道佛洛伊德若看到我家小鬼架上的立體投影機會說些什麼？這種標榜「即時全影像製造機」（hologram maker）的裝置中，有一個兩片拋物面鏡對立的影箱。只要把物品放入裝置的凹處——不論是戒指、硬幣、小塑膠娃娃，還是青蛙小雕像——放進去的物品就會以立體圖像浮現在表面，而且只要不用手指穿過圖像，投射出來的影像看起來就像實體。儘管這個裝置只是不值錢的玩具，但仍是一個日常教材，可以教育我們物體確實可以同時存在又不存在。

對孩子們而言，文字、地方與物體全都能存在於一個看不到的世界時，絕對是童年的重大發現之一，而且我可以斬釘截鐵地斷言，這類的遊戲正是我們意識發展的核心。不論是造訪圍牆內的花園、玩全影像製造機，或用隱形墨水寫字——這些全都在傳遞一種訊息，一種訴說著在看得見與看不見世界之間的通道，是多麼美麗與神奇的訊息。不過要說哪種方式最能完整讓孩子轉變，應該是與想像的朋友相處。

隱形朋友曾經讓佛洛伊德與瑞士心理學家尚・皮亞傑（Jean Piaget）[8]橫眉豎眼以待，在他們眼中，隱形朋友象徵功能障礙與社會適應不良，但在現代人的眼中，隱形朋友卻是彌足珍貴的伙伴。隱形朋友的形體可以是人、魚、雲朵、樹，或其他各種各樣的狂想結果，這些伙伴可以教導孩子們同理心、創造力、憐憫，也可以提供安慰。卡波認為，隱形朋友的其中一個功用就是作為「想像的證人，目擊我們內在的經歷。或許對某些人而言，擁有想像朋友是以下兩個階段的過渡期：透過母親的凝視而認識自己，以及因為能夠有所反省而認識自己。我們想像自己的隱形朋友，是認識並了解我們的朋友。」卡波還認為，想像朋友的需求，隨著時間演進，可能會在未來親密關係中[9]，變成「綵排時至關重要的配角」。身為我們內在生活的奇異護衛，這些看不到的伙伴可以協助我們檢視友誼的概念。他們也可以是我

[8] 凱尚・皮亞傑：一八九六～一九八〇，瑞士兒童心理學家，提出認知發展論（Cognitive Development）。
[9] 原注：引述自二〇一五年七月七日卡波寄給作者的電子郵件。

們透露祕密的摯友、珍愛的對象、知識的泉源、一起讓想像力飛揚的伙伴、緩和孤獨與寂寞的工具，以及一些我們無法說清道明的慰藉。

六歲時，出自聖公會教派家庭的我，還是個在天主教學校上學的小孩，那應該是我離隱形朋友最近的時候。我當時還不是虔誠的天主教徒，沒有參加彌撒，也沒有領受聖餅，有時全班都去參加教義問答，只有我一個人孤伶伶地留在教室裡。其實這也沒什麼大不了的。反正那個時候我對聖人的知識，也只是剛好足夠讓自己覺得有趣而已。這些聖人雖然戴著薄薄的藍色面紗，手中拿著一束束百合，可是他們卻能聚集軍隊、克服苦難，面對殘暴的主教，並且擁有令人感到幸福的遠見。安提阿的聖瑪格麗特（Saint Margaret of Antioch）殺了一條龍，而且熬過了火刑與水淹；聖克里絲蒂娜（Saint Christina）知道如何操縱火，還會飄在空中。即使是更拘謹隱遁的聖人，像靜靜住在森林裡的貓兒守護神聖葛楚德（Saint Gertrude），對我也有深深的吸引力。我堅信他們教導了我有關勇氣、仁慈、寬恕和信仰的意義，不過最吸引我的，還是祂們生命中那些令人激賞的冒險行為，以及祂們對巨大危險的理解。然而當時身為非天主教徒，我清楚自己無法如此虔誠地信仰這些聖人，而且祂們也並非可以來往的朋友。不過也正因為如此，祂們變得更令人難以抗拒。這些聖人留給我的感觸一直都在，而想要與祂們非法結盟的吸引力也始終不退。我的高中朋友曾說服我和她與一位做毒品交易的男性朋友一起蹺課，他們當然不是天主教的聖人，但他們提供的密謀、那種理所當然的刺激，以及危險的感受，卻都和與聖人為伍一樣。我也會願意為聖人們做任何事。

崔西．葛利生（Tracy Gleason）是衛斯理學院的心理學教授，她認為隱形朋友可以協助兒童「應付社會關注的事，並了解他人的立場。想像的伙伴與實質的關係利益息息相關，譬如情感上的支持、認可，以及關愛。」隱形朋友可以提供慰藉、快樂、同理心，以及同情；同樣的，他們也可以幫助兒童處理「失望、悲傷與憤怒」[10]。我們會在自認合理的時候，創造出各種形態的這種朋友，聆聽、指導與保護我們。

我朋友凱薩琳五歲時就有一個這樣的伙伴，他叫凱哥（Keiko），是個五歲的小牛仔，穿著藍色牛仔褲、戴著一頂帽簷有縫線的絨毛牛仔帽。「我記得他好像不曾和我一起待在屋子裡，」她說，「但一到戶外，我到哪兒，他就會跟著我到哪兒——盪鞦韆、在樹叢裡蓋碉堡，以及攀爬番櫻桃樹。我想他應該是個集瀟灑、雀斑跟所有亂七八糟的特質於一身的小

10 原注：Tracy Gleason, "Dr. Tracy Gleason on Imaginary Friends," Glimpse Journal Blog, September 8, 2010, glimpsejournal.wordpress.com/2010/09/08 /dr-tracy-gleason-on-imaginary-friends/.

孩。我迷死他了。我們從來沒有談過我喜歡他的事，不過我想他應該知道。那之後，我就成了一個男人婆。」她告訴我，多年後有次開車經過一輛車身上寫著「凱艾哥」的卡車時的經歷：「雖然名字稍有不同，但儘管已經過了這麼多年，當我在車子裡看到他的名字時，所有記憶強烈地一股腦湧入，包括我們曾有過的極親密友誼，以及他在我生命中的重要性。」

我另外一位童年朋友曾有過兩個在晚上開著粉紅色凱迪拉克敞篷車去她家看她的想像朋友，兩人到她家後，他們就會互相說笑，直到我朋友進入夢鄉。時至今日，我朋友除了覺得那兩位坐在粉紅色汽車中的客人可能是幽默與安慰的化身之外，也說不出其他的所以然來，但她只要想到他們，就會大笑不止，她對他們的回憶，始終是歡樂的。還有一名我認識的女子告訴我餅乾跟吉姆的事。餅乾跟吉姆都是火柴人，不過餅乾的臉是一塊巧克力碎片餅乾。「每當我一個人在房裡玩的時候，他們就會跑出來陪我，」她這麼說。「我們會聊天，我還會握著他們的手，他們也會聽我的指示。最後，他們逐漸消失了。」

稚齡兒童通常會利用隱形的同謀一起探索自己與他人的關係，學習到自我有時是一種需要經由認知到別人才會產生的感受，以及友誼有各種不同的形態與等級。我朋友艾蓮娜兒時有個叫瑪麗莎的想像朋友，她比艾蓮娜大，也世故得多。艾蓮娜還有個一直在照顧她的想像哥哥，名字就叫保鏢。「他們不過是各種人的化身，」艾蓮娜現在這麼說。「那時正好有人跟我提到隱形朋友的事。我想要一個隱形朋友，不過我從來沒有完全相信他們的存在。他們在我入睡前感覺最真實。我想應該就是一種說故事的形態。我在試驗各種幻想關係的可能性。」

如葛利生所說，隱形朋友可能具有與孩子相同的力量與能力。他可能是一個理想的朋友，就跟自己一模一樣，一個鏡子中的自己。或者，也可能是讓人討厭的朋友、得不到的朋友，或根本與自己不同調的傢伙。被人拒絕是什麼感覺？「被人拒絕時，你該怎麼因應？」葛利生問道。[11]有許多方法可以練習揣摩他人的立場。對於孩子來說，那是認知的一大步。了解他人的想法與感受和自己不同，對釐清自己的想法與信念很有幫助。

我們的隱形朋友並不見得全都是那種支持、和善與大方的人。就像真實生活中的朋友，他們也可能靠不住、令人厭煩，或不忠。詹姆斯・泰特（James Tate）[12]在他的詩作〈隱形〉（Invisible）中，就遇到了一個站在郵局階梯上的怪人。那人開著一輛黃色的車離開。但他

11 原注：引述自葛利生於二〇一七年三月三十一日與作者的對談內容。

12 詹姆斯・泰特：一九四三～二〇一五，美國詩人，曾獲普立茲獎及國家書卷獎。

們後來又在垃圾場、街角，以及一場聖誕宴會上相繼碰面。兩人交談，也交換了書和指示。他們彼此認識卻又陌生。兩人相處尷尬。他們推測著哪一個才是隱形人。「總之我不喜歡他，」泰特在這首詩的最後，下了這樣的結論。

無論尷尬與否，想像的友誼還可以拓展至知名且根本無法接觸的人物身上。我兒子兒時的朋友山姆有一年的暑假旅行，就是帶著退休的芝加哥公牛籃球明星麥可・喬丹同行。「快點，麥可，走囉，」是他在離開汽車旅館房間前會說的話。不然就是晚餐時間在露營區的野餐桌上，他會說：「你夠吃嗎，麥可？」如今，多年之後，山姆告訴我們，他對那次旅行的記憶「有點模糊」，但他的確記得自己「以前跟喬丹用石頭和垃圾桶玩一對一鬥牛，而且喬丹一直都在那兒。」這樣的現象其實有個專有名詞，叫做**擬社會關係**（parasocial relationships），亦即我們與那些根本不認識自己的心儀者、媒體人物，或名人所建立起的關聯。我們喜歡這些人，甚至可能很崇拜他們，因此與他們連結很可能是孩子用來脫離家人的途徑。葛利生說，你也許並不想向同儕求助，因為你知道自己的同儕也常常無所適從。但你會努力去找出一條逃離自己父母的路，於是有了這種關於某個人的想法，這是一種建構保護網的作法。

今天，在論及隱形朋友的世界時，不可能不認真思考我們的數位關係。我朋友安習慣冥想，有時她會使用一個連結了全球兩百一十個國家、一百八十萬冥想同好的應用程式。那是一種社群體驗，她這麼說，有時可以讓她和多達八千名冥想愛好者一起練習。她告訴我，儘管她只是一個人安靜地待著，但她同時也透過連結產生震動，而這種看不見的聚會，完全倚賴體驗。

我不會冥想，不過不時會去網站上看看，發現自己挺喜歡待在冥想愛好者聚集的最外圍。這個社群的連結記錄了當時冥想的人數。各大洲以淺灰色顯示，而當時正在練習的人的位置，則以淺棕色的小點代表。那些小點的組合隨時都在變化。我知道這種暫時性的數位圖像可以讓我們測繪出幾乎任何事物，而顯示在我螢幕上的這張冥想地圖，也是個迷人的地理。也許我們可以把整個數位世界看成一個廣大的市場，而市場裡全是看不見的同事。我聽說過和同伴一起跑步、舉重，以及交叉訓練的健身應用程式，一起運動的同伴也許在這個國家的另一邊，另外衛星定位可以追蹤到即時的游泳比賽，而參賽的泳者都在不同國家的不同泳池裡。又或者是與一位看不見的同伴一起測量自己的呼吸數、計算走路的步數或甩手的次數，這就是現代擁有隱形朋友的形態。我實在忍不住回想到二〇一七年夏天，探索頻道以電腦成像技術讓奧林匹克游泳選手麥可・菲爾普斯（Michael Phelps）與一條大白鯊並肩游泳的比賽畫面，這是數位世界已經強化了這些想像盟友的另一個實證。

不過，事情並非都那麼簡單。科學建構出來的朋友，不論是位於世界另一端的真人，還是完全虛構的人物，都可能與我們的想像力結合，但他們卻不是源於我們的想像力。蘋果的Siri、亞馬遜的愛力克莎，還有微軟的小娜（Cortana），都是可以辨識我們的聲音、幫我們訂定約會、安排行程，以及一起玩遊戲的虛擬助理，然而他們卻不是由我們自己的好奇心、焦慮感，或渴望所塑造出來的人物。他們都是被設計出來的東西。初音未來是個紮著兩支藍綠色馬尾的十六歲日本流行偶像，上萬名粉絲參加她的演唱會——但她只是個全影投像的人物。小冰是個中國聊天機器人的名字，這是微軟創造出來的一個簡訊程式，用的是一名十七歲女孩的聲音。數百萬名中國人每天都向小冰傾訴祕密，並把自己生活與感情中的大小事，鉅細靡遺地告訴小冰。這個聊天機器人的儲存量，能讓她記住每一個聊天對象的戀愛史，不過礙於隱私考量，這些歷史都會在一段時間後刪除。顯然，這種聊天機器人與全影投像人物，引起了她們追隨者真實的情感反應，但是他們和餅乾、凱哥、瑪麗莎，甚至是那個在露營區拿石頭投擲垃圾桶的麥可・喬丹，幾乎毫無相似之處。想像的朋友以及從科技基礎製造出來的同伴情誼，最基本的差異就在於媒介。後者的媒介來自外在，溝通也是由他人啟動。

媒介並非唯一的差別。另外還有選擇的問題。蘋果手機的照相機、Instagram，以及其他社群媒體渠道所造成的網路同伴關係持續曝光，很可能會讓使用者感到壓抑，而安德艾格也指出，現代青少年在網上與人互動時可能會感到不快樂。與現在普遍認定沒人看到是件負面的事完全相反的是，我們隨時需要為了取悅大眾而塑造自己的特性，事實上是一種自我矮化的行為。社交場合的尷尬時刻，全原封不動地被社群媒體記錄下來，而網路羞辱更是大多數青少年毫不陌生的行為。不論在社群媒體上張貼的照片，是孩子滿嘴塞滿食物、衣服沒穿好、妥協或窘迫的樣子，被看到通常就等於遭到羞辱。「毫無約束確實有令人開心的地方，但如果被貼在社群媒體網站裡的是你的照片，那就沒有任何值得開心的地方了，」安德艾格這麼說。最後他總結：「要擁有非自覺的經驗，幾乎是不可能的事。你根本無法掙脫自己脖子上的狗鍊。我們都希望大家能看到我們，但那其實是極其危險的事。」

臉書憂鬱症的現象，是這種不斷曝光的現象所造成的結果之一，指的是經由社會比較與感覺自己的魅力或成就比不上其他使用者時，所引發的焦慮。但這個現象卻也意味著，隨著愈來愈毫無保留或毫無條件地釋出與維持自身認同有重要影響的私人資訊，大家普遍性的憂慮只會愈來愈嚴重。一旦私人經驗毫無差別地提供給大眾消費，那麼內在的自我概念，就很容易遭到貶抑。

因此，我們現在有了更多的理由，去了解那些我們自己創造、塑造與掌控的友誼所具備的完整情感深度與範疇。認知友誼是一種想像力的活動，而不是去計算社群媒體有多少追隨者。孩子們可以利用想像出來的同盟，解開社交上的疑惑，想像出來的對話可以幫助他們展開認知的飛躍。我們不只能透過這樣的盟友了解自我，也能透過他們發覺我們如何開始與他人產生連結。在一個社交網路、數位追蹤，以及監視系統無所不在的世界裡，我們的隱形伙伴讓我們擁有既豐富又曖昧的孤獨。他們成了我們的證人、知心密友，以及護花使者，而且會在我們這一生中，以更深刻的方式回到我們身邊。我有個朋友開的工作室專為年邁病人服務，她曾提到她所照顧的一位女性病患臨終前的故事。這位女病人臨終前提到已經過世的家人朋友都聚在她房裡。「可是他們都不在這裡啊，媽媽，」她的女兒這麼說，她的母親卻回答，「那是因為他們不是來看妳的。」

一如葛利生所指出，幻想與現實之間，並沒有固定的界線。「兩者並非絕對對立，」她這麼說。「真實與否，可能無關緊要。」[13]她還說，就算長大成人，我們也會發現自己和同伴們進行虛擬的對話。我們會假裝與真人討論，然後想像他們可能會說些什麼。我們會在自己腦子裡和不在房間裡的人討論事情。我們也會深受讀過的小說影響。非真實之物，可以產生真實的衝擊，並孕育出真實的情感反應。

我們都會利用自己熟悉的人物，幫助我們在重要的時刻繼續向前，像是：嬰兒的母親離開房間、兒童長成青少年、女人和丈夫吵架，抑或男人面對難以接受的診斷。在這些所有的變動環境下，與一個看不見的伙伴交換意見，甚至有時與一個**不在場**的人進行親密的對話，都可能是饒富創意的練習，也是人生出現意外發展時，一種理解與討論的方法。葛利生說，我們所有人，都承認人類的想像力是一個「練習社交技巧或安全體驗強烈情感[14]的平台。」真實與否，的確一點都不重要。我婆婆在愛爾蘭長大，她記得自己和她表哥在灌木籬邊玩耍的那個早晨，一切都清楚得有如昨天才發生。那時有輛小馬拉著的亮晶晶小馬車，和他們朝同個方向前進，然後馬車離他們愈來愈近時，馬車裡跳出一位有著金色鬈髮的車伕對著孩子

13 原注：引述自葛利生於二〇一七年三月三十一日與作者的對談內容。

14 原注：Tracy Gleason, "Murray: The Stuffed Bunny," *Evocative Objects: Things We Think With*, ed. Sherry Turkle (Cambridge, MA: MIT Press, 2007), 170 – 176.

們微笑，並用手稍稍頂歪了頭上的帽子，之後轉身離開。孩子們全嚇壞了，而她表哥的頭髮，更是從那天早晨後就全變白了。

我婆婆現在已經九十五、六歲了，住在北卡羅萊納州羅利市一家設有輔助生活設備的照護中心。她已經不記得小孫子把她的金耳環丟出窗外的事，但有時卻發現自己的祖母從貝爾法斯特來看她，而且就坐在她對面的搖椅上。

我先生相信是他母親的凱爾特血統，以及凱爾特人相信幽靈世界的傳統，才讓她對這些看不見的盟友有如此高的感受度。也許的確如此。不過我寧願相信，我們都能夠擁有某位鑽研隱形伙伴的學者所稱的「去愛、去分享我們的生活，甚至是向那些想像的朋友袒露我們心靈[15]的獨特能力。」那些想像的朋友，或許是我們重新創造出來的熟人、書中讀到的角色，也或許只是為了回應自己的某些怪念頭、渴望或需求，而因應而生的隨興生物。這些朋友也許只會在特定的時間或地點出現。他們也許只向我們下過一次指令，又或許定期和我們討論事情；他們的國度極為寬闊且歡迎各色人物，足以將聖葛楚德、麥可．喬丹、有著餅乾臉的火柴人，以及一位從貝爾法斯特來的老太太全納入其中。

[15] 原注：Marjorie Taylor and Candice M. Mottweiler, "Imag-inary Companions: Pretending They Are Real but Knowing They Are Not," *American Journal of Play* 1, no. 1 (summer 2008), 47, 50.

第二章

一個聲音、一種香水，抑或某種極其微小之物，都可能同時既存在又隱形；這種現象不是出於這些東西的行蹤，而是源自它們的本質。

——約翰．伯格

「奧蘭多之戒
Orlando's Ring」

幾乎沒有人可以在對隱形不懷任何欣賞之意，或對隱形力量毫無所知的情況下，直接脫離童年。令人驚訝的是長大成人的我們，為何會如此輕易地將隱身這件事，與犯錯、墮落、惡意，甚至是魔鬼的手筆連結在一起。科頓・馬瑟（Cotton Mather）一六九三年出版的《隱形世界的奇觀》（*The Wonders of the Invisible World*），是一本有關薩冷（Salem）獵巫審判的書，也是對該事件一次令人尊敬的反思。在薩冷的獵巫審判中，清教徒牧師羅列了各種附身者已「遭到感染，並受到惡魔侵擾」的途徑。馬瑟描述薩冷當時的騷亂，簡直就是交纏著難以理解的事蹟、充滿看不到的存在與幽靈的狀態。然而，對於魔鬼努力做到的隱身，馬瑟卻以圖像般精準的描述，在書中報導一名被惡魔附身的女子所完成的邪惡工作：受害者扭曲的脖子、一位鄰居的惡瘡與腫瘤、另一位鄰居的癱瘓，以及被施了咒法的牛群。

三百多年後，我們也蕭規曹隨地接受了隱身與惡毒之間的關聯。托爾金（J. R. R. Tolkien）所寫《哈比人》（*The Hobbit*）與《魔戒》（*The Lord of the Rings*）中的金戒，一開始是種賦予隱身力的配件，不過隨著故事推演，這只戒指敗壞道德的影響也慢慢揭露。這只戒指可以延長配戴者的壽命，並在限制配戴者眼界的同時，賦予其看到黑暗世界的能力。由於這只戒指承接的邪惡力量愈來愈明顯，因此讀者了解到這只戒指是一股更黑暗的力量，必須摧毀，中土世界才能得救。

蓋吉斯效應（Gyges effect）是匿名網路霸凌與攻擊的專有名詞，取名自柏拉圖的蓋吉斯神話。這個神話講述的是一個牧羊人的故事，他發現了一只可以賦予人類隱身能力的戒指。只要戴上戒指，他就可以進入王國、引誘皇后、殺掉國王，最後將整個王國據為己有。這只戒指也是一個範例，告訴大家隱身如何讓——或者，更應該說鼓勵——一個普通而正直的人，行為失德、犯下大罪。這則神話暗喻隱身能力讓機會主義者更能大膽地做出失德行為；的確，整個數位世界充斥著因為隱身，而讓不正當和魯莽輕率的行為變得更容易的例子。二〇一五年遭駭客入侵的艾許利．麥迪遜仲介公司（Ashley Madison Agency）是一家網路仲介，專門幫已婚或已有固定伴侶的人安排偷情對象。照片金庫（photo vault）應用程式，可以讓高中生或任何有需要的人，把露骨的色情照片或非法資料藏在他們的手機裡。為了閃避網路空間的監視而設計推出的「暗網」（darknet），更是個陰森森的數位黑社會，可以讓使用者將自己的身分加密後雇用殺手，購買毒品、武器，以及在傳統消費管道無法取得的兒童色情照片。

菲利普．包爾（Philip Ball）所寫內容廣泛的百科全書《隱身：看不見之物的危險誘惑》（*Invisible: The Dangerous Allure of the Unseen*），副標題指的就是隱身的危險。他在這本百科的開頭就寫道：「如果可以隱身，**你**會做什麼？很可能是一些與權力、財富或性有關的事。如果真有這樣的機會，也或許會是跟這三樣東西都有關的事。」包爾認為，與其感到內疚，我們其實只需要承認人性本質的實際狀況，以及我們走入隱身的探險時，必定會誘發道的德淪喪插曲。同樣的，在艾拉・葛萊絲（Ira Glass）主持的每週廣播節目《這種美國生活》（*This American Life*）裡，作家兼幽默家約翰・哈吉曼（John Hodgman）在「隱形人對鷹俠」（Invisible Man vs. Hawkman）的單元中，提出了一個百年老問題：「你想飛，還是想隱形？」他發現那些選擇隱形的人，都幻想著偷溜進電影院或飛機上。女人要偷喀什米爾毛衣，男人則想看女人洗澡。「幾乎沒有人會說：我會用我的隱身力量去打擊犯罪。似乎沒有人在意犯罪，」哈吉曼這麼說，他最後的結論是，成人世界的隱身術，普遍被視為一種進行不當行為的工具。

但隱身不僅與犯罪有關；偏執狂也在算計現代對於隱身的想法。一九七七年，奧地利藝術家用瓦萊・易克絲普（Valie Export）這個名字，製作了一部名為《隱形敵人》（*Invisible Adversaries*）的影片，故事講述一名女子認定周遭的人都遭到了隱形空間的外星人控制。藉由二〇一三年問世的影片《隱身法：一部他媽的指導與教育性影音檔短片》（*How Not to Be*

Seen: A Fucking Didactic Educational .MOV File），以柏林為主要工作地點的藝術家與製片人希朵・史岱爾（Hito Steyerl）提供了五堂教導消失的課程。配音者透過諷刺教育短片常用的口吻，向我們保證愛、戰爭與資本其實都是隱形的。第一課〈如何在照相機前讓東西隱形〉（How to Make Something Invisible for a Camera），影片教導你可以把東西遮住、移開、拿到鏡頭外，或者讓東西消失。第二課〈如何消失在視線內〉（How to Be Invisible in Plain Sight），影片教導你可以假裝不存在、躲起來、縮小，或被刪除。第四課出現了一堆隱形角色：住在圍牆聳立的社區或軍事基地裡的人、在機場、工廠或博物館裡的人、穿上隱形斗篷或瀏覽暗網（dark web）的人、五十歲以上的女人、壞點，或極權主義政權下被消失的人。這部影片中大多數的背景畫面是老舊而殘破的校準標，而這些代表校準標的幾何圖形被拉至加州的沙漠地面，當作無人機訓練的標的，換言之，就是無人機的早期練習場。這個影片所傳遞的訊息是，處在一個身邊永遠都有監視的時代，隱身會與異化產生共鳴，而且儘管隱身偶爾有用，但一般而言，隱身仍暗含了疏離與不滿的意義。

不過，也該是質疑這種傳統概念的時候了。犯罪、偏執與社會貶抑，都是對隱身最明顯也最無趣的指責。**祕密花園**（Jardin secret）是一個法國詞彙，指的不是園藝場所，而是一種精神層面的隱居，從個人小小的日常習慣，到心靈狀態，或者私密的事情、想法，乃至只有自己知道的一些行為。祕密花園也可能是窗外特別的一景、一個避風港或避難所、靠近橋邊的一小處河景、咖啡廳裡的一張桌子、一段音樂，或者私人收集的羽毛、石頭、書籍或扇子。私密是祕密花園的本質，內容可能受到所有物、所有權與親密關係的影響，也可能與性愛有關，但也不盡然都是如此。祕密花園這個概念所未曾言明的意涵，就是個人微不足道的過去不一定要跟他人分享；人類經驗與想像力有時是非常私密的意圖、行為或報償；社交的交流和經驗的分享，也可能需要倚賴這口私密的深井。

祕密花園不太明確的界線，反映了隱身這個概念本身固有的隱蔽性。或許，我們成人之所以對看不到的狀態總是心懷猜忌，正是因為這種孩子可以無礙接受的隱晦特質，會讓我們感到焦慮不安，因為大人比較喜歡所有事情都有更清楚的定義。然而，隱身的概念本就含糊不清。在想像的世界裡，隱身可以是明確可知，也可以完全不可知。儘管隱身可以讓人行差踏錯，但隱身也可以是歡樂、知識、精神面的成長、發現、私密、謹慎、寧靜、自主、不透露自己的想法、在嘶啞的世界裡保持緘默，或在一個轉動過快的世界裡，以不變應萬變的態度。在希臘神話中，宙斯的半神之子柏修斯（Perseus）有一頂隱形帽，可以讓他變成雲或霧，智慧女神雅典娜也經常戴著象徵意喻不名的頭盔。

南非藝術家威廉・肯崔吉（William Kentridge）對隱形的意義提出了一個細膩的看法。肯崔吉最著名的成就是將美術與動畫結合，在他的作品裡，紙、影，以及人類的輪廓，能夠依據其自主的意志，突然具體化與非物化。在他的短片《隱形修補》（*Invisible Mending*）中，我們看到這位藝術家用一枝畫筆與一塊橡皮擦，修正他以炭筆所畫的自畫像。之後，已完成作品中的人物從畫紙中走出來，再現身影的藝術家接住一塊塊從鏡頭外飛向他的畫像碎片，重新拼湊起完整的畫像。接下來，他又開始修補圖像。藝術家與畫中人物就這樣在建構與解構的無盡循環中，一次又一次地變成對方，修補畫像，再走出圖紙。這支短片屬於影片《致喬治・梅里愛的七個片段》（*7 Fragments for Georges Méliès*）中的一部分，是為了向法國魔術師、幻術師，以及電影製片喬治・梅里愛致敬所製作的影片。梅里愛是特效大師，常常創造出鬼魂般的角色，並為之注入喜劇的感性。

如果肯崔吉是藉由這部片子探索人類認同的幻滅，那麼他的其他影片就是在為社會、政治與地理認同所表現出來的空洞本質發聲，而且他的作品通常都和決定了約翰尼斯堡歷史走向的地下金脈有關。這些看不見的地下礦脈與礦井、突然從礦井中湧出的地下水、突然崩塌的天坑，以及開挖地區的不穩定特質，全都是這座城市的隱形景觀，也隱喻著這座城市的政治動盪。

十八世紀法國哲學家與散文家盧梭（Jean-Jacques Rousseau）在他最後一部作品《一個孤獨漫步者的遐想》（*The Reveries of the Solitary Walker*）中，為蓋吉斯的戒指提供了另一種用法。這部在他生命盡頭所完成的作品，內容滿是對於人類行善作惡的心靈能力之省思。在他的六次散步旅程中，盧梭反省了人類該如何彼此公平地互助，也為隱蔽（obscurity）一詞做出了一個全方位卻又帶些狂想的論點。他認為匿名可以賦予人類道德力量，而隱形則可能成為與我們一起努力追求社會正義的伙伴：「如果我可以一直保持著上帝創造我時的自由、隱蔽與孤獨，那麼我只會行善；因為我的心中不會存在任何有害的激情種子。如果我能像上帝那樣隱形與強大，那麼我就能像祂一樣慈善與卓越[1]。」盧梭或許無法完全說服自己，但他充滿喜悅地推測自己會在「心情愉快的時刻」忍不住出手製造偶發的奇蹟，之後又深思了自己戴上戒指後所能實現的「成千上萬仁慈而公正的」正義行為，他確信戒指若在他的手上，絕對會變成為人類和諧而貢獻的配件。最後，盧梭有點勉強地開始相信，任何一個因為自己的技術與能力而在平凡人之間鶴立雞群的人，必將墮落。儘管他的結論是應該丟棄這只戒指，但他依然相信隱蔽同時能讓人輕易地為惡與行善。

十六世紀義大利文藝復興詩作《瘋狂奧蘭多》（*Orlando Furioso*），是詩人魯多維科・亞力奧斯托（Ludovico Ariosto）用比較開放的角度去看待魔戒創造力的作品，而這首詩中的魔戒是「在印度從一位皇后那兒偷來的」。在整個冒險過程中，奧蘭多因為太愛安潔莉卡公主（princess Angelica）而瘋狂，但這部史詩很早就告訴讀者「配戴者在這只魔戒的協助下，常常可以有所收穫」，以及這只戒指能「抵抗魔法與所有邪惡咒語」。沒錯。只要把戒指戴在手上或含在口中，擁有戒指的人就可以一直隱形。這只戒指在故事中被當成禮物、象徵，以及賄賂品，後來又遭竊、遺失；在整個冒險故事中，對於不同的角色而言，這只戒指的下落，是同時的知與未知。這個故事華麗、狂野、喧鬧，而且離奇地在地球與月球上都安排了相似的場景，不斷地穿梭在超然的敘事內容與怪異的情節之間。因為這只戒指，一場涉及了各種愛情用途、意義、詭計，以及偽裝的饗宴，呈現在讀者眼前。戒指的主人逃離追捕與囚禁。這只戒指同時具有讓愛人分離與團聚的能力；能夠給予保護，卻也讓人必遭風險。這只

1 原注：Jean-Jacques Rousseau, *The Reveries of the Solitary Walker*, trans. Charles E. Butterworth (Indianapolis: Hackett Publishing Company, 1992), 81-2.

戒指使得兩個相愛的人能夠不斷出現與消失在對方視線之中。

這只戒指的力量並不限於作惡，也不只是獲得自由的工具。相反的，這只戒指是個不受約束的創造之泉、沒有束縛的思想之源，也是高妙行動的出處，並且暗示著在對方面前出現或消失，可以將所有浪漫的瘋狂表現正當化。但這樣的發展也引發一個問題：我們應該把蓋吉斯的戒指，換成奧蘭多的戒指嗎？社群媒體文化與我們對曝光的執著，可以把我們帶回那個把隱形戒指看成是具創造性的思想與行為的一種配件的時刻嗎？

儘管我們認識了物體恆存的概念——抑或文字恆存、朋友恆存、關係恆存——就像孩子一樣，這種恆存之謎會一輩子在我們生命中徘徊。東西是如何遺失又復得，這是個不斷進行的循環。這也是許多治療方式的主題。我雖然沒有佛洛伊德小孫子的木軸或繩子，但每當有什麼東西或什麼人進入我的生活時，仍會經常發現自己驚訝地想著：「原來在這裡啊！」——不論那個東西或人是一個朋友、一份工作、一本書、一個想法、一次對話、一頓飯、一張車票、一個機會、一陣對過去的感覺、一個對未來的想法、一片雲、一場暴雨、一個番茄，抑或一顆蛋。而且，同樣地，我也經常會發出驚呼：「不見了！」

當年把祖母的金耳環丟出窗外的小男孩，現在已經是紐約市的一個影片剪輯師了。非常完美！他把時間都用來增加或刪除各種影像，人、樹、動物、房子、家具、壁紙、窗子、臉、光，各種各樣的影像。在業界，影片剪輯通常被視為隱形藝術，因為觀眾無法判定視覺圖像的形塑方式。優秀的剪輯依然不為人所見；被剪掉的片段，也一樣持續不為人看見。「你在看一部影片時，」我兒子這麼說，「無法像看到角色人物，嗯，還有像看到光線那樣，看到剪輯的過程。你也不應該看到這個過程。剪輯師移除了觀眾與電影材料中的障礙，提供觀眾一個身歷其境的經驗。」不過話說回來，我想任何一個曾經真正深愛過另一個人的人，都應該認真思考過這個議題。

快樂的條件很多，但人、事、物如何來來去去，卻是相當重要的一個條件。得到他人的注意、認識與認同，對人類經驗至關重要；社交能見度是快樂不可或缺的要素，當這種能見度降低時，我們會感到痛苦。我們需要被認可。凝視是人類連結的絕對必要條件。陷入浪漫關係中的我們，常用「我們眼中看到彼此」這種說法是有道理的。另外，在我們告別時，「再見」也代表著我看見你了，我還會再看到你。這些都是老天爺已經安排好了的事——我們活著就是為了去看，以及被看。

然而我確信，不被他人看見的急迫性也同樣至關重要。一位手術室的技師告訴我，動手術時隔在病人臉部與身體之間的隔板，設置的原因除了消毒與清潔，也有心理上的效用。如果病人的臉出現在外科醫師與護理人員的視線內，他們可能無法進行手術——不論這個手術是要切開肉體、骨頭，或器官。在天主教的告解中，隔開告解者與神父的隔屏，對於承認過錯和給予寬恕的行為都極其重要。在傳統的心理分析過程中，心理分析師坐在病人身後，讓病人無法看到，在這樣的安排下，病人比較容易在自己的潛意識中遊蕩。別人看不到我們時，我們也比較容易說出心底的祕密。

然而，就算你不是心理分析師，也知道大家會高估眼神接觸的效用。在日常生活中，有無數的時候，眼神的不接觸是絕對必要的一種需求。這也是為什麼如此多的家庭會一起玩填字遊戲，因為這樣他們可以一面交談，一面讓眼睛看向其他地方。我有個教捏陶的朋友，常常訝於學生主動揭露自己的資訊，這些學生在拉胚、手塑花瓶，或為盤子上釉時，會論及自己的私生活、婚姻、離婚、失敗，以及豐功偉業，但他們其實都有實際的事情要忙，手沒閒著，眼睛也盯著自己的作品。我知道汽車座椅可以和心理治療師的沙發有相同的效用。我有位開始慢慢喪失說話能力的百歲高齡朋友，我會開車載她到遠處的鄉間散心。那年秋天，楓紅似火，她看著窗外，非常開心。當我們開始聊天，她發現如果不看著我，那麼組織自己的思想，並找到詞彙把這些想法轉換成語言，會比較容易。我的兒子們還是青少年的時候，在車裡私下的談話，有太多次都得到比在餐桌上面對面的談話更令人滿意的結果，那時我都是在開車，眼睛看著前方的路。我不需要看著他們的臉。我需要的是聽他們說話。對他們而言，在沒有人注視的情況下，他們也更容易和我討論女孩子、大麻，以及超速罰單的問題。

但是隱身並不僅是一種心理狀態、文學寫作技巧，或隱喻。在物理學中，隱形也可能是真實的存在。羅徹斯特大學物理學教授約翰．豪威爾（John C. Howell），在二〇一四年發明了羅徹斯特斗篷（Rochester Cloak），這組由普通光學鏡片組成的低科技系統設備，不論將什麼物品放在這套設備後方，它都能在立體環境中製造出隱形的效果。這種連續性、多方向的斗篷系統，可以讓光線繞著物體周邊通過而不產生扭曲；藉由光線圍繞物體的曲行，四片鏡片在沒有干擾背景環境的情況下遮蔽物體。

轉換光學（transformation optics）這種新興科學，研究的是環繞物體周邊曲行的電磁波。這種科學利用超材料（metamaterials），亦即非自然界發現或衍生的工程材料，將實體周遭的光線彎曲、折彎或改向，就像溪河裡的水流在碰到石頭時會繞行，但在經過石頭後，又歸併為一道水流。理論上來說，超材料的原子構造可以讓光出現這樣的曲行現象，然而要做出像是可用於軍事目的的量子隱形材料的長期應用保證，目前還很難說。改變單一波長的電磁波方向使其繞行物體，並因此製造出隱形的效果，仍是可行的，但目前還無法大規模應用。可見光的光波都很短（比電波或電磁波短），波長不足以遮蔽一副身軀、一部車、一棟建築，或一架噴射機。

杜克大學電子與資訊工程學教授大衛．史密斯（David R. Smith），是這方面研究的先驅，他解釋任何一種科技都有優缺點，而變更光線前進的方向，改以曲行環繞物體的一個嚴重缺點，就是電磁波的速度必須高於光速。這一點在技術上可以做到，但只能單頻處理，而單頻無法承載太多資訊[2]。因此，斗篷設備在本質上必定是窄頻寬。你可以遮蔽紅色，可是無法同時遮蔽紅色與藍色。史密斯說，這個設備還有另一個問題，那就是「這些材料會吸收能量。因此如果我們要擴大應用規模，那麼用到的材料可能會毫不客氣地吸走所有能源。我們已經在微波頻寬上，將使用規模放大到可以遮蔽物體，而且在特定一些東西的應用上，就算是只有窄頻寬，我們對結果也相當滿意，再說，我們的確在不同的計畫裡讓東西變得有用。不過若要做出哈利波特的斗篷，我想還有很長的一段路要走[3]。」

我造訪羅徹斯特實驗室時，豪威爾研究團隊的研究生成員約瑟夫．崔（Joseph Choi）重申這種科技的不實際性。轉換光學並非對可見光光譜上的所有顏色都有用，而且在某個角度範圍內也無效。羅徹斯特斗篷其實是為了不同的目的而設計。不像早期的斗篷設備，羅徹斯特系統下的光線在圍繞物體時，不會產生放大或扭曲的結果。利用層層鏡面聚焦或改變光線的方向，這套系統可以在不同的角度與位置運作。這套系統可以處理一整組光譜上的可見光，而不是區區幾個頻率的光，而且遮蔽物體後方的景象仍然可見，也沒有扭曲。「你看到的東西，就是放在那裡的東西，」崔這麼對我說，「就像是玻璃或空氣。」

崔帶我到大學實驗室地下室的一間房間，並推出一台黑色的金屬工具車。兩排夾在工具車表面的鏡片中，對準鏡子的那一排鏡片已經設定成特定角度。白色磁磚走廊牆面上貼著一張紙，紙上是各種顏色的小格子。崔把車子推離牆面幾英尺，然後把手放在鏡片中間，當我從鏡片看過去時，他的手不見了。然而，整排鏡片後那張貼在牆面上的格子圖清晰依舊，顏色與大小完全沒有受到鏡片影響。

如果設備小，那麼就只能在小角度內使用，至於可以遮蔽的物體大小，取決於鏡片的尺

2 原注：David R. Smith, "Invisibility: The Power of an Idea," 36th Social Research Conference, New School, New York City, session one, Research and Discovery, April 20, 2017.

3 原注：引述自史密斯於二〇一七年八月十八日寄給作者的電子郵件內容。

寸。就連沒有拿到高等物理學位的一般人，也能用容易取得的材料製作陽春版的斗篷（維基有公開製作過程），不用花三千塊台幣就能擁有一套簡易隱形設備的配件組。一旦這種設備的科學發展更為成熟，就能運用在外科手術，屆時外科醫生的視線可以穿過自己的手，直接看到動手術的部位，或者也可以顯示出卡車司機的盲點。不過，物理學家豪威爾對我說：「不一定要考慮到應用面。我們只想解決一個問題。」他是最先承認這只是套簡單光學系統的人。「我只是想讓東西隱形。」這套斗篷設備勾起了廣泛大眾的興趣，不過其他的科學家偶爾會對他竟然為一個簡單的光學把戲耗費大把時間與精力而頗有微詞，另外，他的這個研究並未獲得任何研究金挹注。

然而豪威爾知道，不論任何時候，只要想到祕密，就一定會出現軍事用途。他也知道，隱形這個議題會引發諸如「缺乏責任感、男孩子偷看女孩子浴室裡發生的事情」，以及其他等等的道德顧慮。但他指出了更正面的應用，譬如在建築與景觀上，可以讓與環境格格不入的橋梁、難看的天橋，以及路標都消失不見。只不過，這樣的應用是提升了景觀，還是只扭曲了我們的真實感？「你能遮蔽一面牆嗎？」他大聲說出自己的疑問。每當你不想看到什麼，抑或想要看到其他東西[4]時，都能利用隱形來達到目的嗎？或許是豪威爾並沒有要滿足特定用途的動機，因此他才能放任自己的想法飛揚。他小時候看《星際爭霸戰》

（*Star Trek*），現在有了兩個兒子，對於基本的人類好奇心，也有了相當的認識。他對隱形的興趣，就和我們其他人沒兩樣。他承認羅徹斯特斗篷設備的限制依然存在。「全向寬頻（Omnidirectional broadband）尚未出現。不過再過五年或十年，我們可能就有全向寬頻可用了。」

貼著白色磁磚的實驗室走廊，一點都不像個能夠帶來啟發的地方，而走廊上那台黑色的工具車，也只是一台平淡無奇、實用性極高的病房用工具車。但在這兒確實發生了重要的事。我把自己的筆、筆記本和手，放在鏡片後方，結果每一樣都消失了。這不是文學筆法或心靈層面的隱形，而是實際的經驗。在我走出這座實驗室，沿著樹下的小徑穿越校園，經過矮叢、長椅，以及一面施工的圍籬，走到停車場的這段時間，我和物質世界的關係似乎有了非常細微的改變。我一直想像著自己的視線繞著這些東西、穿透這些東西，然後落在它們的另一邊的情景。我領悟到，看穿一個東西的能力，跟那個東西消失不見，並不能畫上等號。

造訪實驗室時，我希望能親眼目睹在物質世界中，隱形質化與量化的奇蹟，意即親身體

4 原注：引述自豪威爾與作者於二〇一五年七月二十七日在羅徹斯特大學的對話內容。

驗已知世界裡隱形的真實情況。我開著一台藍色小車去羅徹斯特，大概都維持在最高速限，我這位六十二歲的老太太，就這樣在洲際公路上一路呼嘯著穿越北紐約州。後來在一家坐落於一大片停車場中的假日飯店（Holiday Inn Express）休息。這一大片停車場專門提供牛排館、海鮮餐廳、辦公園區，以及一家全國性的連鎖藥局的顧客使用——這種單調又平凡的景觀，到處可見。還有誰比身在此處更加隱形？我很懷疑。如果有人可以如此不理性地相信某件事，至少我現在知道了隱形**真正的**模樣了。

最近對隱形的另一個探索，是瑞典神經學家發明的一種讓人體驗隱身效果的方法。這個研究的目的是要從社會與道德的層面，重新檢視柏拉圖在兩千年前所提出的問題：人類會如何處理隱形的力量？新興科技暗示人類的隱身術幾乎已近在眼前，然而這樣的能力會對我們在對與錯之間的拿捏，產生什麼樣的影響？受測者戴上虛擬實境眼鏡後，可以透過眼鏡看到從架設在附近的第二台與眼鏡同高的頭部裝置所傳出的畫面。只不過鏡頭連接的是一塊空白，當受測者往下看，他們看到的不是自己的身體，而是空無一物。研究人員接著會用刷子同時刷受測者與他旁邊的那片「空無一物的空白」。受測者可以感覺到刷子刷過自己身體，但當他在一片空白中看到刷子刷過時，身體的感覺就降低了。那是因為大腦把刷子刷過的感官感覺，從主體的身上移轉到了空白之中——這個結果讓研究人員相信，創造一種體外經驗是很容易的事。我們身體的各種器官其實比我們以為的更善變。如果我們的視覺感知到自己的身體變成了空無一物的空間，大腦就會跟著這樣的認知進行調整，相當快速地接受我們非物質化的假設。

接著，實驗者在可能引起焦慮的環境下，測試身心結合的狀況。那些「隱形」的受測者先接受的測試，是有人會拿著刀做出具威脅性的戳刺動作；透過監測心跳與出汗狀況，得知這些人的緊張程度有相當幅度的增加。接下來的實驗，讓已經歷過隱身幻覺的受測者戴上虛擬實境的頭部裝置，處在一大群陌生人面前。這次他們只有一點點不安的反應，那是因為一來他們看不到自己，二來他們在感知上已經有了隱身的錯覺，因此他們感覺不到被注視。阿維德．古特斯坦（Arvid Guterstam）是這個研究團隊的主導科學家，他認為混合式的應用不僅可以降低社交焦慮，對於治療出現幻覺身體經驗（phantom body experiences）的脊椎損傷傷患也有幫助。隱身究竟會如何影響我們的自我意識以及道德力，現在大家都還不清楚，然而我們確實知道，人類生理對於存在的感知，以及對外在世界的理解，都具適應性。我們不需要花太多力氣，就能接受自己可以隱身的這個命題[5]。

物理學家與神經學家的研究，與隱身相關的故事和神話是否有交集？包爾在引導出自己的隱身宣言前，表示這是兩種不同領域的經驗，而且在興起的科技與我們傳統的隱形神話之間，存在著寬廣以及或許必要的鴻溝。「轉換光學與無線顯微技術，允許我們開始想像，似乎能從科幻小說或自然魔法最不可思議的念頭（兩者最後應該是殊途同歸）中，汲取出一些特技把戲，而傳統的隱身術就是其中之一。然而，要將實際的可能性套入神話的框架中恐怕不容易，」他如此寫道，並總結人類隱身的神話故事與試圖將人類隱身具體實踐[6]的新近科技之間，存在著一條無法逾越的界線。換言之，技術與隱喻住在各自的宇宙中。

數月後，我看著崔用我的蘋果手機幫我在羅徹斯特實驗室裡拍的相片。當時我伸出了手，要讓整隻手完全隱形。在照片裡，我不只看到一個女人在大學實驗室裡站在一台研究設備旁，還看到了一個失去了重要身體部位的女人。照片中的影像，以及它所引發的感受，對我而言並不陌生。照片中女人的手有一部分不見了，隨之不見的，還有那隻手能做的事，以及照片中女人想做與需要做的事。這並不是我平常的心理狀態，不過，就像其他人一樣，我偶爾也會感覺到自己某個重要肢體部分不見了的經驗。儘管斗篷設備可能只是種光學把戲，卻捕捉到了某些真實的東西。物體恆存的概念，原來也可以運用在我們自己的肢體上。

或許我們對於隱身的好奇，源於我們知道某些看不到的東西確實存在，以及我們會輕易對眼前的東西視而不見的這些直覺知識。大多數人似乎天生就了解我們的感知有時會有缺陷，有時又會神奇地增強。我猜隱身會進一步與想像力互相作用，因為我們對隱身的感覺，很可能包含了各種不一樣的要素。有時，我們因為對自己缺乏信心、害怕，或受到了羞辱而不想讓別人看到自己，只想消失。但其他時候，沒有人注意，卻成了一件極令人沮喪的事。我們想要隱身；我們被迫隱身。也許我們對隱身這件事的感受，多樣得有如人類的身分。

我先生年輕時住在菲律賓，在那裡，摩洛人（Moro）的故事也是當地傳說的一部分。摩洛人是民答那峨島的一支民族，大多數都是穆斯林，為了民族自決已奮鬥了好幾代。他們與主島人民的衝突在數十年前升到最高點，摩洛人曾於馬尼拉執行暗殺行動。暗殺策略包括划著獨木舟到馬尼拉港，再把矛運上岸。暗殺者口中含著巫師祝禱過的小石頭，讓他們以為可

---

5 原注：Arvid Guterstam, Zakaryah Abdulkarim, H. Hen-rik Ehrsson, "Illusory Ownership of an Invisible Body Reduces Autonomic and Subjective Social Anxiety Responses," https://www.nature.com/articles/srep09831/.

6 原注：Philip Ball, *Invisible: The Dangerous Allure of the Unseen*, (Chicago: University of Chicago Press, 2015), 281.

以獲得隱身的力量。摩洛人把他們自以為的隱身當成了軍事戰術，不過我想那些石頭應該還賦予了他們一種部落的凝聚力、自主性，一種只有彼此才認得出來的共識——亦即一種部落獨有的身分認知。

這樣的事當然荒謬。然而相較於摩洛人，罩上了幽靈外衣的噴射戰機應該更荒謬吧？與妮維雅以「隱身」為行銷主軸的體香產品相比呢？還有路華汽車用透明的引擎蓋追求隱形的概念，不荒謬嗎？路華在車前設置攝影機，即時拍攝車底以及車前的畫面，再串流影音技術，將影像呈現在引擎蓋上。這台車的外觀照片顯示，坐在車內的人可以直接看到車下的路面。「路華正在發展的先進科技，利用以『虛擬』手法將車子前方隱形的方式，打造出車子前方的地形數位影像，」是這套系統的行銷廣告詞。路華宣稱這種透明引擎蓋會給予駕駛「一種強化過的真實景象」；如果你問我，我會說這種狀況和摩洛人所追求的，幾乎完全一樣。

摩洛人在落實他們的信仰與信念，而路華則是進行數位餵食與建構企業品牌。顯然，這兩件事屬於兩個不同的世界。然而，兩者都是在談人類無可避免地將與隱身交會。我不在乎車子或體香產品，但我非常想擁有一顆摩洛人的石頭。那顆小石頭會是什麼模樣？是全透明，還是夾雜著斑駁色點？是像瑪瑙那樣呈現半透明的綠色嗎？還是灰灰的平滑表面？有條紋嗎？我全都不知道。誰不希望當一枝引起感知的畫筆，在刷過自己的身體時，留下的不是色彩，而是消失？不過，我想不論是石頭還是畫筆，最近應該都還沒機會找到。我也不指望蘋果近期會在它的應用程式商店中，推出蘋果石頭或蘋果畫筆。這兩種東西，更可能產自人類的想像力。

這或許就是隱身的美麗之處。透過鏡片與鏡子所組成的簡陋設備，甚至更基本的一些物品，就有可能隱身。偽裝頭盔（Hulinhjalmur）是一種據說可以賦予人隱身之力的古冰島符號，但要召喚出這個符號的魔力，需要從手指和乳頭取血，再混以一隻烏鴉的血與腦，以及一片人類的胃。之後，用一塊厚厚的煤炭，沾著前述的混合物在眉毛處畫出紋飾。籃球員提姆．鄧肯（Tim Duncan）的作法簡單多了。這位拿過五次美國職籃冠軍的球員，在入行後於二〇一六年退休，而他選擇略過記者會、退休宴會、媒體活動和禮物，直接以手機宣布自己正式退出球壇。他宣布退休的幾天後，有人在推特上貼出一張他在美國老品牌服飾店「老海軍」（Old Navy）店裡排隊的照片。從球場上謹慎行動的過往，移轉到結帳隊伍的過程中，確實有些符合隱身定義的東西。不過也許這正是隱身的意涵。隱身可以是個神話的議題，也可以毫無問題地只是件平凡的生活瑣事。

豪威爾在一支YouTube短片中解說羅徹斯特斗篷，他利用一系列的鏡子打造出一套較大型的斗篷設備，然後商請他的兩個年輕兒子客串實驗主體。哥哥完全入鏡，但我們看不到弟弟的身體，只看到他伸出的頭和揮動的雙手。他們在斗篷設備前後左右走來走去，跳出了一小段現形與隱形的芭蕾小品。兩個孩子笑著、鬧著、消失著，看到這一切的人不可能不嘖嘖稱奇，因為豪威爾那兩個不斷出現與消失的兒子，觸動了我們心中某種根本的感受。他們多開心啊！這根本就是一支隱形朋友的影片！這一支鮮明的短片，深刻地指出每一位父母心中那個有關消失的孩子的惡夢！影片裡的背景，不是豎立著許多陰森大樹與陰影的神祕森林，而是一個燈光明亮、鋪著白色壁磚的實驗室。然而，這支三分鐘的影片，卻講述了科學、神話與故事如何融合成一個無敵的團隊。這支影片顯示著人類才能是如何被發揮得淋漓盡致，將可能與不可能編織在一起、將實際發生之事與並未發生之事交揉在一塊兒，就在那幾分鐘裡，把我們看得到與看不到的，全融合在一塊兒。

第三章

在博物學的領域裡，很多事物之所以躲過我們的注意，是因為那些事物中的主角都很渺小，而舞台又極大，而且舞台前或多或少都覆蓋了遮蔽或阻擋物。背景前的快速變動，讓所有動作更像是被隱藏了起來，而非顯露在大家眼前。

——約翰·伯格

「跨越自然 Across the Natural World」

那一小盆銀色的植物，已經在我書桌前的窗台上待了好幾年。一種柔和的灰，混雜著灰棕色與紅色斑點，這是一株由橢圓形構成的植物。平滑的表面，球根狀的葉子，整齊畫一地全是橢圓形，看起來像收集了一堆石頭。看著這株樸素、柔軟、柔順、多孔的多肉植物像顆不透水的石頭般順利開展，實在令人愉快。真是勇猛！它高雅的裝束其實非常符合邏輯。這種被稱為石頭玉的植物來自非洲平原，為了躲避草食動物而演化成這副模樣。我每天發出的驚嘆，不僅是因為它精巧的偽裝，也是因為在曝光慶典似乎已成為我們生活方式中心的今天，它提供了一條另類的出路。這株小小的植物展現了完全相反的作法。它將自己的外表與多孔的結構融合，成了退避的專家。小石頭玉傳達了一個在環境中尋找適應方式的訊息。這株植物的精妙，展現了一種與美麗、勇氣與隱身的想像都相關的特質。

大體來說，我是個對植物不太上心的園丁，然而這株植物的強烈特質卻讓我深深著迷。原因不僅出自這株植物的重量、質地或顏色，也出自它由衷地從分子結構這個階段就想變成其他東西的努力。我先生每年都會從苗圃購買他打算讓花園更欣欣向榮的大量植物幼苗——番茄、羅勒、薄荷、各種莓果，以及各式花卉。那年他就是在大採買後，給了我這株植物。「給妳，」他邊說邊遞來一個花盆，裡面種了一種他知道我一直在覬覦並渴望納為己有的植物。「這是我看過最不像植物的植物。」然後他翻了翻白眼，補充道，「他們告訴我，這東西在苗圃裡大概要長一輩子才長得出來。名字聽起來也應該是這個樣子。」

事實也的確如此。這種園丁之間戲稱為「活石頭」的橢圓形小小多肉植物，在我的窗台上待了好幾個月，看起來卻像連一公分都長不到。它既不發芽，也不開花，毫無動靜。事實上，根據這種植物匪夷所思的反常性與極度適應環境的天性，它只有在生命終於結束之時，才會像個活物，因為它在那個時候會變成怪異的豬肝粉色，組織結構變得像動物的肉，並向內塌陷。然而，在那最後一刻到來之前，我努力養著這盆小騙子，感受到一種深刻的滿足；我總是要確保它的土足夠透氣、它在台子上的位置接收得到足夠的陽光。這種植物羞怯卻又毫不掩飾地偽裝的概念，很容易就讓我著迷；這樣說吧，對一個沒什麼熱情的園丁，還有什麼東西會比一種唯一的目標只是想變成石頭的植物更棒？

在自然的世界裡，這樣的生存技能稱為「保護色」（crypsis），也就是生物融入其直接環境的能力，透過外觀、氣味、聲音、構造，以及光線等策略，達到不受注意與不被發現的目的。大自然滿滿都是這類能力的代言者，宣揚著不引人注意的生命：貝類、植物、兩棲動物、昆蟲、鳥類、哺乳類動物，還有毛色在下雪前就變白的北極狐、蟹殼上印上了巴洛克式花紋的迷人印尼蟹、模擬著居住環境中的珊瑚，以及皮下細胞能變色、並偽裝成附近海洋生物的章魚。

隱身不等於不存在。隱身不是否定饒具創造力的個人主義，或放棄任何讓我們變得唯一、原創，以及獨特的特質。隱身是一種為了吸引配偶、保護家園與棲息地、獵捕與自衛的策略。在自然界，偽裝並非怪異或詩情畫意的特質。那是一種細膩、具創造力、敏感而極其敏銳的特性。更重要的是，偽裝很強大。

大自然最愛躲藏，赫拉克利特（Heraclitus）[1]在西元前五世紀就這麼說過。自然的世界不只提供了豐富的詞彙，也提供了一套完整的系統，讓我們去了解與自己環境相容的價值。偽裝與擬態都是高度實用的技巧，但也經常伴隨著幽默、勇氣、優雅與智慧。想想澳洲琴鳥的聲音騙術，牠們可以模仿其他鳥類與自然界的聲音，也可以模仿汽車、卡車，以及頭上的噴射機馬達噪音。細膩的鳥鳴與刺耳的機械聲，都是牠的演唱曲目。帶著相同的優雅與膽識，琴鳥的叫聲向大家承諾，「我可以當隻藍鶇，也可以做支電鋸！」還有長尾鼬鼠高雅的策略，在冬天時，牠們除了尾尖留著一抹黑，全身的毛色都轉了白，而那一抹黑是為了迷惑盤旋在頭頂上正在捕食的鳥兒，讓牠們弄不清楚哪邊是頭，哪邊是尾。

我從未聽過琴鳥的歌聲，也沒有親眼見識過長尾鼬鼠的詐術，但我熟悉自然世界裡其他的普通級騙術，就像四月某個下午，我和朋友珍在划獨木舟時，碰到一隻靠在溪中溼地旁的黃褐色水獺，小傢伙還功夫精妙地用尾巴捲住身下的土堆，令人無法辨識。牠身上捕捉住了陽光的一束束金毛，樣子幾乎與休憩處沐浴在陽光中的溼地野草葉片完全一樣。這並不是因為動物與植物彼此相像，剛好相反，那是因為兩者模糊的錯配，真實地反映出了周遭的世界。另外，還有我在哥斯大黎加有幸看過的六英尺長綠樹蛇。我怕蛇，蛇通常會讓我嚇得當場僵住，就連我們房子後頭石壁間最小的過山刀，只要一瞥，就足以讓我向後轉。然而，那條綠樹蛇在一棵棕櫚樹的葉片與樹幹間盤旋而下，明亮的綠色與優美妝點的鱗片圖案，同時模擬著牠身後棕櫚樹上交疊錯落的樹幹與樹葉。牠在樹底大啖一隻小蟾蜍時，我完全挪不開眼。

只能說是奇蹟了，去年夏天我竟然注意到那隻竹節蟲，輕鬆地在門廊籬笆附近的紫藤枝上歇息。牠的勻稱、色彩，以及像小樹枝般的輕盈，都足以侮辱「注意」這兩個字。可是一旦注意到牠，我就看到牠的優雅不僅僅是纖細的身型與柔和的顏色，還有牠輕輕地晃動，看

1 赫拉克利特：西元前五四〇～四八〇，古希臘哲學家。

起來更像是一陣微風吹動了一小截樹枝，而不是自發性地擺動。牠具名家風範的沉默來自牠的形態、顏色與舉止，小蟲子努力將所有特質搭配在一塊，建造起一個完全不同的王國。即使稱之為隱身奇觀，也毫不矛盾。

我們對這些欺騙行為的仰慕，似乎就跟這些欺騙行為一樣自然。英國犯罪故事作家露絲・藍道（Ruth Rendell）相信，神祕的謀殺事件之所以吸引人，就是因為所有人類的心中都有些犯罪的本質，而我們對於這些欺騙行為的仰慕，應該也是出於雷同的因素。嫉妒與羨慕必定兼而有之。就算我們不具備這些欺騙的能力，也勢必想要擁有這樣的能力。有些心理學家相信，如果我們受到了欺騙，那麼我們就是共犯，在詐欺行為中絕對是騙子的同夥。我完全不相信這樣的論調。或許每個騙子都需要一個相信他的人，不過這已是我對這個理論的最大容忍尺度了。我們大多數人都有些內在的叛逆因子，垂涎著能變成其他人的能力，而不思如何做自己。如果打盹的水獺、晃動的昆蟲，抑或飢餓的樹蛇，都讓我無法移開雙眼，那是因為我也希望能更熟悉這些騙術。

美國畫家、自然主義者、獵人、追捕者，以及剝製師阿伯特・韓德森・泰亞（Abbott Henderson Thayer）相信，「每隻動物的身體裡，都有一張環境的圖像」[2]。他的畫布上全是保護色的耀眼研究，動物就是藉此隱藏自己在棲息地的蹤跡，以避開掠食者的注意。有一塊畫布上隱約藏著兩隻冠藍鴉，從雪地中看過去，很容易就會將牠們誤認為傍晚的樹影；另外一塊畫布上，是燦爛的粉紅色火鶴，在淡入了日暮的天邊，躲開鱷魚的注意。他那幅描繪林中塘裡山鷸的畫作，有著變幻的構圖，鳥兒沿著睡蓮飛掠而過，深色的上層羽毛與黑色融成一片，但顏色較淡的羽毛則與水中倒影一起發光。樹葉、羽毛、池水與天際，共同合作完成了這幅模糊之畫。那麼我要看什麼？觀眾很可能這麼問。

泰亞清楚地表達了反蔭蔽理論（theory of countershading），那是一種認為許多物種有令人意外的天然色機制的理論；也就是說，生物身體表面的上層，色彩比較暗，而下層因為並不會暴露在陽光下，因此顏色較淡或呈現白色。這樣的天然配色混淆了光影的感知，進而讓哺乳類、爬蟲類或鳥類形體變得扁平或模糊不清。其他隱藏的天然色形態包括了斷裂的圖案，藉由視覺強烈的圖形讓動物的輪廓與形狀變得模糊，而迷惑掠食者的眼睛；另外還可以藉由與背景融合（figure-ground blending），亦即動物身體的顏色與花紋能模擬周遭棲息地。

---

2 原注：Kevin A. Murphy, "*Not Theories but Revelations*": *The Art and Science of Abbott Handerson Thayer* (Williamstown, MA: Williams College Museum of Art, 2016).

泰亞的理論在第一次世界大戰時就已應用於軍事策略；他建議以色調斑駁的衣物取代令人聯想到塵土的卡其色制服，因為不規則的圖案更可能迷惑敵人眼睛。泰亞的每一幅女子畫像，也都隱藏著各自的訊息。一九一八年，泰亞在忙著設計軍隊的偽裝服之餘，也畫著他媳婦的畫像，這幅畫後來命名為《穿著綠絲絨的女人》（*Woman in Green Velvet*）。畫中人洋裝的袖子，不論是紋理或顏色，都融入了她身後松樹粗大的樹身當中，那襲義大利文藝復興風的絲絨洋裝的隱蔽力，就如同要去打仗的年輕士兵所使用的軍服。

在那個時代，女性特質仍被視為是需要壓抑與克制的事，而那幅畫就是此種現象的一個紀錄。不過一百年後再看這幅畫，我發現這幅畫所表達的性別暴政觀念並不是那麼豐富，反而傳達了很多關於存在的方式、適應周遭環境的態度等等的訊息。整體來看，泰亞的作品顯示了他不僅尊重樸實無華的視覺判斷，更堅信保護的重要性，不論是在熱帶溼地、森林、戰場，還是畫室。就像雪中的冠藍鴉、襯著熾紅雲朵的火鶴、穿著斑駁圖案外套的軍人，以及身穿綠洋裝的女子，全是出於必要而隱藏了自己[3]。藝術史學家猜測，泰亞所繪的畫作與他對動物行為的研究，是因為他努力想在人們因為一次世界大戰的恐怖而感覺精神遭到剝奪的時代裡，融合藝術與科學。

二十世紀初，英國動物學家休・考特（Hugh B. Cott）將最廣泛的系統運用到自然物種極富創意的騙術上。他的經典著作《動物的適應性配色》（*Adaptive Coloration in Animals*）於一九四〇年出版，那是一本有關改造的百科全書，他在書中提出天然配色的三種功用，分別是隱蔽、偽裝，以及宣傳。他對視覺欺騙的分類，始於動物與牠們的環境都很相似這個明顯的事實：北極狐是雪白色、熱帶樹蛇是鮮亮的綠色、山鷸是已經凋落的橡樹葉色。這就是融入當地最基本的智慧。但是顏色的相似僅是開始。用色彩的濃淡來改變生物的輪廓，或以斷裂的色彩來打散生物的外型，都是必要的方式。操縱自己的影子也一樣重要，就像收起翅膀歇息的蝴蝶，與陽光對齊，讓自己的影子「成為引不起任何注意的一條線」[4]。

躲開注意並不僅攸關顏色，也和配合時間與季節的即興創作有關。應對景觀而產生的色

---

3 原注：Kevin A. Murphy, "*Not Theories but Revelations*".

4 原注：Hugh B. Cott, *Adaptive Coloration in Animals* (Lon-don: Methuen & Co Ltd., 1940).

彩反應，可以在瞬間出現，也可能需要好幾天、好幾週，甚或好幾個月的醞釀。在考特的騙子動物園中，從聰明的非洲昆蟲到美國緬因州的蜘蛛，應有盡有。在大火燎原並將整個大地染成黑色後，聰明的非洲昆蟲也會跟著換上與棲息地相似的暗色外衣；緬因州的蜘蛛在晚秋時的體色，會接近當時秋麒麟草的深黃色。蔭蔽與反蔭蔽、光線的交互作用與缺席，都有助於抹除形體。尺寸減小、實質減縮，還有物體可以呈現扁平的樣子，或像一種以某種海草形態出現的魚，以及森林中的幼鹿，牠們身上的斑斑點點都會讓人聯想到灑在眾多葉片間的陽光。

動物的條紋、斑點，以及羽毛、毛皮，或鱗片的戲劇性圖案設計，都能進一步混淆觀察者的視覺。初孵化的環頸鴴雛鳥為了躲避掠食者，絨毛上有擾亂雛鳥身型的黑白圈圈。考特認為隱匿與他稱之為「攻擊性擬態」（aggressive resemblance）不同，他以實例解釋後者，譬如蛇模仿藤蔓、蛾偽裝成樹幹或鳥類的排泄物。一種巴西蝴蝶的翅膀上有彎曲的線條，讓牠看起來就像破損的枯葉，還有軟體動物身上所帶的突起、斑點與色帶，都是在模仿棲息地裡形狀扭曲的海藻。隱身不僅關乎配色、圖案與精準的時間掌控，似乎還融入了生存與行為的結構之中。

考特的隱晦宣言，成了二次世界大戰戰艦、坦克，以及士兵制服的設計指南。最先用於一次世界大戰的**眩暈迷彩**（dazzle camouflage），也常用來稱呼戰艦的外觀設計，模仿著溫和的環頸鴴雛鳥絨毛。不論是戰艦外觀，抑或環頸鴴雛鳥的絨毛圖案，目的都在破壞考特所稱「外觀連續性」的自身形態。特大號的黑白幾何圖形——巨大的波浪線條、雲紋，或鑽石棋盤圖案——當作船舶的外觀圖案並不能隱藏船隻蹤跡，但可以讓人摸不清船速、船隻大小、形狀或方向。一位藝術家為英國陸軍應用了點畫與立體畫等現代藝術的繪畫技巧，這兩種畫法的起源還得感謝畢卡索與巴洛克。在歷史上，軍事策略家、動物學家與美術家似乎出現相同研究興趣的情形，應該極其罕見；然而，就像考特一針見血地指出，「身在大自然就如同身在戰場，環境鮮少符合人意，而且從未一成不變——因為環境會改變。」斷裂性圖案的目的在於「盡可能避免或拖延某個物體被辨識出來」，而成功達到這個目的，就是光學與心理學混合作用的結果。

唯一一次在軍事裝備上看到這種設計，是某個秋天早上在哈德遜河奧巴尼港的一艘遊船上。安置在哈德遜河岸的美國史萊特艦（The USS Slater）現在是觀光客的博物館船，但曾在二次大戰中以海軍驅逐艦的角色服役。這艘戰艦的外觀就是仿海藻的歪斜形態，塗上了暗藍、淺藍與灰色的不規則小區塊。這些圖案的設計將水反射出來的外觀、時間、動態，以及實際距離都納入考量，整艘艦艇看起來像幅立體派畫作，在這條工業化的河景上漂浮、擺動。朝下游看去，隨著早晨時光變化的光線注視著那艘船，我發現從遠處看，很容易想像這些顏色與圖案如何混淆人類的視線。巴洛克一定會很高興。那天早上，河上的戰艦看起來更像是一篇文章，娓娓講述著實體、形態、色調與光線，比博物館中的任何一幅油畫都要動人。

時至今日，在考特可能從未參與過的計畫中，他的努力仍持續影響著許多設計。二〇一六年的法國網球公開賽中，穿著愛迪達服飾的球員，一身戲劇化的黑白條紋翻飛；就像在他們之前出現的環頸鴿與戰艦，這些運動員的裝扮是為了迷惑與分散對手的注意力。同年，英國藝術家康拉德．夏克勞斯（Conrad Shawcross）創作了名為「光之斗蓬」（Optic Cloak）的藝術品，這個發亮的空中樓閣，為一家低碳排放加熱廠隱藏其高達五十英尺的巨大煙道；此加熱廠負責為倫敦東南方格林威治半島當地一萬五千名居民供應能源。這座覆蓋體用了大量輕度塗裝的雷射切割穿孔鋁板，以不同角度互相折接，創造出令人炫目的斷裂外觀。這座到處都是刻面的巨塔，製造出了雲紋效果，特別是效果最明顯的日出與日落時分，整座塔似乎在光線中移動，既存在，又不存在。

在《眼大如碟》（*Eyes as Big as Plates*）的系列中，北歐藝術家瑞塔．伊科南（Riitta Ikonen）與卡洛琳．赫尤斯（Karoline Hjorth）從一系列老人家從周遭環境與大地取材的服飾中，即興展現挪威與芬蘭民間傳說中的角色——老人們的服飾包括海草做成的洋裝、海帶製成的披風、野草編織的帽子、苔蘚毯、花苞拼成的造型小帽等等。年邁的模特兒與他們的服飾之間，有種不言而喻的關聯性，他們臉上的皺紋，與樹葉、野草和花朵紋理之間，存在著某種相似的精神。《眼大如碟》的照片似乎在說，大地景觀同時納入了地理與心理。時間與自然都是影像主題的這些照片，勾起了某種曖昧的老化生態學，並且難以捉摸地暗示了萬物無可避免地都將隱入自然的體系中。

中國藝術家劉勃麟最近在自己的身上作畫、為自己拍照，在他《隱身在城市裡》（*Hiding in the City*）的系列照片中，精準地與背景合而為一。他站在北京的庭院中、雜誌書店裡、水果市場的水果箱前，或只是站在磚牆前，皮膚與衣著全毫無瑕疵地塗上顏色，與身後的背景完全融合。看照片的人必須瞇著眼才能找出他的身形。也許他是在表達這樣的政治理念，也就是在高壓統治的共產政體裡，個人全都失去自身的特質，但這些影像也展現了背景可以完全吸納人類的驚人之美。劉勃麟受邀為法國高端服飾公司羽皇（Moncler）拍攝照片，由攝影師安妮·萊柏維茲（Annie Leibovitz）掌鏡，在這些宣傳照中，觀眾可以在一家堆滿了舊書的老書店裡、金屬檔案櫃邊，以及古老的卡片目錄櫃旁，找到他的輪廓；這些場景都散發著古老年代那種破敗但顯然令人豔羡的博學氛圍。劉勃麟將臉全塗成藍色，以便化身為身後的窗玻璃，外套與褲子模仿著周遭成堆的書籍，靴子則是地板的顏色，這張宣傳照似乎暗示著，這套精心縫製的外衣的線條所呈現出的真正奢華，來自其所傳達出的謹慎感。

不久前，我和幾位朋友走在佛蒙特森林中，其中一位朋友的口袋裡裝著一個一壓就會呱呱叫的小塑膠漢堡，那是他愛犬的玩具。這一次，當這個設計成漢堡、一壓就會亂叫的寵物玩具再次發出尖銳的呱呱叫聲時，林子裡一隻就在附近的貓鵲立刻以叫聲回應。好幾個回合後，鳥兒與小玩具之間的對話仍繼續著。我發現一個塑膠漢堡和一隻鳥在六月天午後也很有可能交談。我們的聽覺偽裝方式很奇怪、很不自然，也相當無法預測，但同樣有效。誰知道每個人究竟相信什麼？身為現代消費者，我們會發現很多融入的方式易變、反覆、隨性，且令人意外。

劉勃麟的照片捕捉住時間的某一個瞬間，而靜止不動是他的戲服本質。考特用適應性的靜止與適應性的行動稱呼這樣的行為，而且他注意到純上妝的不足之處：「如果是完整的偽裝，動物的**行動**和**外貌**就必然要符合牠們所注定要扮演的角色。」靜止不動的姿勢是具有創意性的，就像蜥蜴的靜止不動會讓人想到枯死的樹葉；鰻魚將棲息地水草溫柔、流水般的動作揉進了行為模式；隨著水流平行飄動的魚，在進入滿布礁草的河床後，就會自我調整成垂直的形態。這些偽裝並不盡然都是被動的，一如某些昆蟲聚在一起，是為了模仿花朵。棕色巴拿馬蝴蝶的翻飛模樣，令人想起落葉，而麻鷺立於百合花苞上的行為——靜止、搖動、再靜止——源於一陣小小微風造成的起伏。當今作為打獵行頭的吉利服[5]，也一樣不僅在顏色與質地上做模仿，連材質的特性也要與背景環境相似：布條與網子的安排，要像樹葉、沙子、塵土與白雪搖動或飄動的樣子，讓偽裝從平面拓展到立體。二十一世紀軍隊使用的數位化偽裝，更專注於規模與距離。像素化的偽裝結合了微型圖像與宏觀圖像，前者是近距離可見的一切，譬如一片樹葉或草葉，後者則是讓遠距離可見的一切模糊化。

偽裝不盡然是一成不變或長久的狀態，也可能是動態、瞬間發生、短暫，或回應氣流與光線的細膩變化。烏賊利用虹細胞（pigmented cells）發出的生物冷光自保，虹細胞的血小板含有反光素蛋白質，可以讓海洋生物改變自己的膚色。藉由伸縮色素細胞，烏賊能夠根據自己所在的環境控制顏色反應，有效地改變自己的輪廓。二次大戰中，軍事策略家改造了烏賊掌握生物冷光與周遭背景關聯性的能力，利用小範圍光照亮戰機前方與邊緣的方式，探索光

5 吉利服是蘇格蘭的一位獵場管理人用來偽裝自己，以方便打獵的服飾，因此後來以他的名字（Ghillie）命名。一般用網子或布料製作，外面綴滿樹葉與小樹枝，活像灌木叢。

擴散偽裝的可能性，也藉此降低在地面或水面時在敵人眼前的曝光度。最近，研究人員發現了分離蛋白質的方法。將分離出來的蛋白質與其他物質結合，可以形成一種合成布料，阻隔紅外線的偵察。這種材質已經用來製作一種膠帶，將這種膠帶切割或撕成小塊，黏貼在軍事裝備上，可以製造出因應不同波長光線的偽裝圖案。

考特另外還表示：「眼中神祕的現身，就如同耳裡神祕的沉默。我所說的沉默，並不是一種被動的狀態——不僅僅是聲音的缺席。那很可能是獵食動物透過結構性的調整或適應行為，才得到的一種主動的特質，也是一種重要的特性。」貓咪在夜晚穿過草地時的寂靜無聲，不是因為牠沒有動作，而是因為儘管牠移動了，卻還是悄無聲息。考特認為，靜止與壓抑聲音之間存在著差異。這種安靜的層次，讓人想起了哈洛．品特（Harold Pinter）[6]的劇本，在他的戲裡，演員區別了停下來思考與沉默的差異，不確定的沉默與懸而未答的問題是如何地不同，而兩者與懷疑的那種完全終止的沉默，又是如何的不同。「我們聽到的言語，是在暗示我們沒聽到的那些話，」這位劇作家曾經這麼說。

逃避他人的注意，攸關現身、靜止與行動、光、聲音，以及寂靜，也跟假裝自己是支電鋸，還是繼續當隻裝啞的小鳥有關。當我們想成為我們根本不是的東西時，喜劇可以不斷地演下去。電影《從軍記》（*Shoulder Arms*）中，位處敵方勢力範圍的默劇演員卓別林裝扮成一棵樹，樹枝從他的手臂延展出去，頭上的帽子也是一截樹幹。他在適當的時機，利用自己附上裝備的四肢去攻擊準備砍了他這棵樹當作薪柴的士兵。觀眾因為敵方士兵竟然無能到看不清眼前的狀況而感到有趣的同時，也同樣為了一棵樹竟然不是樹的認知而覺得好笑。或許最有趣的是，卓別林儘管臉上滿是恐懼，卻仍多次技巧性地擊退敵人的幽默場面。

然而，貼近並融入環境，遠不如我們以為的荒謬。這或許是我們在了解環境後得出的結果。我朋友伊麗莎白・雪曼（Elizabeth Sherman）是位生物學家，她在提及自己作品的切入角度時說道：「當人類想要看見自然時，不論是在森林裡、草地上、沙漠中，抑或特別對我而言，水底下，都會試著主動隱身，以便能更了解那個地方。」雪曼研究的是大開曼島水域的珊瑚礁，每次潛水，她都是在安靜且無重力的狀況中工作，不論是無脊椎生物，還是各種在

---

6 哈洛・品特：一九三〇～二〇〇八，英國舞台劇與電影劇作家、製片與演員，二〇〇五年諾貝爾文學獎得主。《背叛》（*Betrayal*）、《生日舞會》（*The Birthday Party*）、《回家》（*The Homecoming*）等，都是他膾炙人口的作品。

那個海洋市集中漂浮在她身邊的霓虹住民，全都無視她的存在。我在觀看她的水底影片時，絲毫不難想像一個潛水員所經歷的隱身狀態。她在水中的存在，讓我有點聯想到伊科南的照片，不過雪曼在海景中的位置，與美麗雕塑的視覺道具無關。她既未穿著海草服，也沒有戴上珊瑚帽。相反的，這是一個行為的問題。她的歸屬，與其說是**臣服於此地**，遠不如說**被此地併納**。雪曼在她的研究領域中是位令人敬重的科學家，而在她任教的大學裡，也是位很有魅力、擁有眾多粉絲的教授。然而，當她進行最重要的研究時，在水中圍繞在她身邊的那些研究主體，眼裡根本沒有她。獅子魚、神仙魚、烏龜，以及海膽，對她的存在毫不關心。她**在**那兒，和她**不在**那兒，沒什麼差別。

我不禁懷疑，實體遭到漠視這件事，是否也會在陸地上演。要滿足這樣的期待，或許得像彼得．馬修森（Peter Matthiessen）[7]在《雪豹》（*The Snow Leopard*）中所想像的那樣，對地方有獨到的洞察力。《雪豹》是馬修森個人探索西藏山區的傳說大貓日記。雪豹是一種神祕、謹慎、隱密，不會在人類眼前現身的動物，牠有著一身柔和的灰色皮毛，上頭布滿黑色花環斑紋，在自己選擇的地方，藏得非常隱密，即使距離人類只有幾碼，也能逃過人類的視線。但是牠那屬於動物的沉靜，卻並非絕對高不可攀；馬修森認為貓科動物的隱身能力，已臻至類似某些瑜珈修行者出神入化的程度，據說這樣的狀態是「讓他們的生命與生命的顫動完全靜止，以致肉體的各個層面，在他人的心靈或記憶中，不留下任何痕跡。」他認為若時機到了，人也可以追求這種**船過水無痕**的境界。與我們周遭的世界合而為一，可以讓我們擁有一種永恆的完整感，並讓我們在這個與現代生活切斷聯繫的環境裡，仍有一種令人安心的歸屬感。在大家對經營個人品牌都已非常熟悉的今天，馬修斯提供了一個迷人的另類作法，讓人能暫時從反射性地過度在乎自我與形象的情況中得到解脫。

海倫．麥當勞（Helen Macdonald）[8]寫過一篇在自然環境中設置亭子，讓觀光客得以隱密地觀察動物的文章，她在文中說道：「想觀察野生動物的自然行為無需隱身。一如研究狐猴與黑猩猩的科學家所指出，經過一段時間後，你可以讓牠們習慣你的存在。不過，隱藏是一種很難改掉的習性。躲起來去看那些看不到自己的東西，有一種曖昧不明的滿足感，而這

7 彼得．馬修森：一九二七～二〇一四，美國小說家、自然學家、撰寫荒野主題作品的作家，曾任美國中央情報局探員，他在訪問中表示，一九五一年創辦的《巴黎評論》（*Paris Review*）是他擔任探員時執行任務的掩護。《雪豹》一書讓他二度獲得美國國家圖書獎（現代思想類與非小說類）。

8 海倫．麥當勞：一九七〇年出生的英國作家、自然學家，也是劍橋大學科學歷史與哲學系委任研究學者。她的作品《鷹與心的追尋》（*H is for Hawk*）贏得二〇一四年山謬．強森獎（Samuel Johnson Prize）與柯斯塔圖書獎（Costa Book Award），以及二〇一六年法國最佳外國圖書獎（Prix du Meilleur Livre Étranger）。

樣的感覺深植在我們的文化中。」她還描述自己在一個英國小鎮散步時，突然驚訝地看到一群水獺在公園的淺溪中游泳。隱密的動物通常喜歡避開人類的視線，然而那群水獺卻平靜、未受打擾地在水裡鬧騰，完全無視人類觀眾的注意。鎮民已習慣牠們的存在，覺得牠們就是令人開心的平凡一隅，至於那些全副偽裝配備，再拿著長鏡頭相機的野生動物攝影師，看起來又蠢又格格不入[9]。

歸屬感或許不會從天上掉下來，但我們在尋找歸屬感的過程中卻可以運用創意。日本建築師妹島和世所想像的隱形列車目前還在概念階段[10]，擁有超反射力的車身外層，可以藉由反射模仿出早晨的天空、正午的太陽、黃昏的雲朵、遠處山丘的灰色輪廓，以及在疾駛而過時，田野的一片土綠。不論在哪兒，列車都與當地的景色一起發光發亮。儘管沒有人會想到，呼嘯過整片景觀的東西，竟然是一個金屬物體，但這個列車仍努力融入。詩人凱薩琳・拉森（Katherine Larson）曾寫道，隱蔽是「萬物隱藏的方式。／小小的真實如此肯定地消失／只因對比著較大的真實。[11]」也許隱形列車上的一個座位，可以允許我們在較大的真實前隱身。

英國設計師羅倫．鮑克（Lauren Bowker）一直對生化議題很感興趣，她開發出了對應景觀不同狀況的墨水。一開始，她開發的是一種吸收汙染的墨水：這種墨水在接觸特定有毒物質時會從黃轉黑，接著她繼續生產對熱度、光線、溼度、氣壓，以及直接環境中各種其他因子有反應的感應變色墨水。後來各種作用的墨水，甚至能夠反應配戴者腦部的活動與情緒狀態：藍色可能顯示哀傷，而白色可能代表平靜。她的公司名為「看不到」（Unseen），生產具有珍珠般光澤的縐折圍巾與羽毛頭飾，看起來像是具有異國情調的奢侈飾品，而且全是獨一無二的新奇商品，其變色的特質也成為女裝界的情緒戒指。別弄錯了，這是時尚，不是隱蔽。儘管這樣的商品也代表美麗的定義可以是對周遭環境的反應與認知。我們可以想像將她那種同時兼具更平淡與更奢華特質的墨水，應用在其他方面的情況。如果日常的服裝會因為

9 原注：Helen Macdonald, "Hiding from Animals," *New York Times Magazine*, July 19, 2015, 16.

10 西武鐵路的隱形列車已於二〇一九年三月正式營運，行駛西武秩父至池袋的西武池袋線。列車取名「Laview」，L代表奢華（luxurious）、a代表如飛矢般的速度（arrow），而view則是指車廂內大片景觀窗所帶來的美景。

11 原注：Katherine Larson, *Radial Symmetry* (New Haven, CT: Yale University Press, 2011), 12.

毒素而變色、因為溫度的劇烈變化而發出信號，甚至具備環境警示系統的功能，會是什麼樣子？或者，如果我們的衣服只是改變色調，讓我們在視覺上融入直接的環境景觀中呢？這樣的服飾有沒有可能幫助我們重新檢測我們與周遭世界之間問題重重的關係呢？

化學墨水與隱形貼紙都有一定的吸引力，但隱身不可能只與這種具特殊屬性的材料有關。我說不出所以然；我的石頭玉依然在裝聾作啞，考特所觀察的物種所說出來的語言，我們也聽不懂。然而，若這些生物當中有任何一個可以清楚闡述牠們隱晦不名的計畫，或許我們的感情就能貼近詩人和散文作家溫德爾・貝里（Wendell Berry）[12]在肯塔基森林露營數天後所說出的話了。「我成了簡化的自己，」他在散文作品《進入森林的入口》（*An Entrance to the Woods*）中這麼寫道。「我感受到身體的輕盈。每個剛甩掉二十三公斤肥肉的男人，應該都會有這樣的感覺。當我離開廣大的貧瘠岩石區，再次走到樹底下時，我意識到，自己是以這片景觀的一個細節的身分[13]，在上頭移動。」

貝瑞以景觀上的一個細節的身分移動，並不是因為他的露營裝備包含了一卷隱形膠帶，或一件塗了感應變色墨水的外套。相反的，他那身適合隱身的裝束，是用來觀察周遭的寂靜，其中有些可以改變他步伐的輕重，有些會修正他的警覺性與覺知，有些則可以增加他當下的靈活度。猶如他所說，那就是一個被這個地方當下的狀態所吸納的東西，就跟一隻躲在巢裡的松鼠一樣不可見。

稍早期的一位作家提供了另一種接近自然的觀點。英國浪漫時期詩人濟慈在一八一八年寫給朋友理查・伍德豪斯（Richard Woodhouse）的著名信件中，思考著詩人就是變色龍，是一種沒有自己性格的生物，卻「享受著光與影；這種生物津津有味地活著，不論容貌美醜、地位高低、貧窮富貴，品行惡劣或高潔——不論騙倒的是壞蛋還是仙女，變色龍都一樣開心。所有讓高尚的哲學家大驚失色的事，都能讓變色龍詩人歡欣愉悅。」詩人因為缺乏自己的身分認知，所以能夠扮演「太陽、月亮、海洋、男人與女人」的角色。濟慈的那封信後來被稱為變色龍信件，他在信中暗示，正是因為經過了創意的想像，我們才能成為其他物種的一分子；他相信，詩人只要沒有獨特的自己，不論是扮演一隻夜鶯、一座英國花園，還是一名女子，都能夠對生命有更多的適應力，對經驗更敏感，對想像其描述主體本質的想像力

---

12 溫德爾・貝里：一九三四～，美國小說家、詩人、散文家、環保主義者、文化評論家。他是南方作家協會（Fellowship of Southern Writers）成員，國家人文獎章（The National Humanities Medal）得主，在二〇一三年榮獲理查・霍布魯克傑出成就獎（Richard C. Holbrooke Distinguished Achievement Award）。

13 原注：Wendell Berry, "An Entrance to the Woods," *The Art of the Personal Essay*, comp. Phillip Lopate (New York: Anchor Books, 1995), 673–677.

也更豐厚。

可惜濟慈沒有機會與考特對話。不論是他的信，還是考特對動物物種體色與行為的研究，都代表著眾多藝術與科學的交會，並能夠說服我們相信，我們全都是類似計畫中的一員。濟慈和考特都知道，若想完整地認知自我以外的世界，需要精準與深厚的藝術性。

沙哈拉沙漠有一種銀蟻，身上是專門為應付周遭殘酷的環境而精準設計的外殼。牠們耀眼的小盔甲是由身體中間部分具反光作用的不規則毛髮所構成，可以藉由熱輻射驅散高溫，讓牠們在超過六十五度的高溫環境裡，每天離穴工作二十分鐘左右。到這個世紀中葉，這種例子的極端應用可能會愈發重要。隨著地球暖化與世界人口即將爆增至九十億，我們該如何成為一個幅員更廣大的區域中的公民，亦將是愈來愈攸關自身利益的問題。

我們高度堅持的個人價值，甚至可能已經跟不上時代。說到這兒，我又要回去談談我的小石頭玉。激進的適應方式是它生存的必要條件，也是它身分的本質。這株小植物的光華可能跟它所表達的那種渴望融入環境、又渴望轉變這兩種完全不同的基本脈動有關。或許這株石頭玉、那隻竹節蟲，還有水獺，在我眼中之所以如此深具魅力，都因為它們／牠們可以毫不費力地同時做到這兩件事。對牠們來說，融入與轉變這兩種同時存在的目的，似乎是再自然不過的事了。我真希望它們／牠們對自己所棲息的世界，也有認知的想像力。這些物種寂靜卻又肯定的融入方式、與周遭的一致性，還有它們／牠們緊緊抓住一切讓自己有所歸屬的因素，都在在迷惑著我。牠們傳遞的訊息，就是安靜地適應。不管你稱之為保護色或單純的歸屬感，人性的判斷不是來自我們如何在這個世上鶴立雞群，而是出於如何優雅、和諧地在這個世界上找到自己的歸屬之處。

第四章

他們浮出水面了。水下蘊藏著什麼？綠水沒有提供任何線索。看著太陽的位置，她才知道他們潛不到一個小時。在無重力的環境裡，你失去了作為參考值的自己，也失去了自己在時間中的定位。

——露西亞・柏林（Lucia Berlin）[1]

「隱身體質 Invisiphilia」

1 露西亞・柏林：一九三六～二〇〇四，美國短篇小說作家。以《清潔女工手記》（*A Manual for Cleaning Women*）聞名，該作品獲選二〇一五年的《紐約時報》年度十大好書，並入圍科克斯文學獎（Kirkus Prize）決選名單。

一塊黃色的褐藻一直在我的左邊徘徊不去。一群珍珠紫的礁巖魚類閃入視線中。一條深藍色的女王神仙魚滑出了我的眼界。儘管我和一大群貼著海床掃過的南方魟離得很近，但牠們完全無視我的存在；南方魟連著前胸的整片薄魚鰭，一下順隨、一下折亂地掀動了沙床的波紋。所有的這些生物，全視我於無物。貝瑞在肯塔基森林裡時，可能花了三天才成為一片景觀上的枝微末節，但在四十英尺深的加勒比海中，我用了不到三分鐘就達到相同結果。這實在有點奇怪，因為以常理判斷，海洋世界的一切似乎都比陸地上要緩慢許多。

雪曼的潛水影片——儘管影像令人迷惑又搖曳不定，卻記錄了人類在水底移動的方式——是我之所以在這兒的原因。影片中的她也許只是在一群鸚哥魚之間飄游，也許在拍攝一條獅子魚，但毫無疑問的事實是，她確實在**那兒**、**存在**、**參與**，然而她又因為某種必要的原因而被稀釋了。若要不被察知，這樣的轉變似乎至關重要；不是隱身，而是不被察知。潛入水底後幾分鐘，我才開始了解，身在水中，推動自己前進的方式，是多麼不同。我們存在的方式改變了。我們既在這兒，又不在這兒。這並不僅是移動時的重力牽扯，也是我們從本質上對這裡的具體環境更加熟悉。如果我們身體的百分之六十都是水分，那麼我們容易被海洋環境所吸納，或至少**感覺**被吸納，也就不無道理了。我們會認知到自己沉浸於其中的分子，就像我們知道血管中的血液可以與周遭流動的海流匯集，一起流動。儘管這並非分子層面的親近，但也很接近了。在水底，我們與周遭的環境有種不同的關係。

我發現身邊的環境，以一種漠不關心的態度在引導著我們。水面下四十英尺處，條紋鸚哥魚無視我的存在。黃尾雀鯛與快速游過的銀漢魚，對我更是興趣缺缺。珍珠紫色的小筍殼魚群搖擺而過，也是一副凜然不可侵的樣子。有條黃色的秋姑娘在一朵巨大的粉紅色海葵邊遊蕩，似乎無所事事。我們都知道自己對於生命的感覺，會隨著時間的流逝而變得遲緩、停滯、脫離日常生活的節奏，但在水底，這才是**萬事萬物真正的速度**。在這兒有一種非常廣大的距離感，即使同處一個青綠色的空間中，我們體內的那個兩棲的自己，也會警覺到我們與周遭海洋世界無法量測的距離，但同時又領略到我們與這個世界深遠的連結。沉在水中，我成了逃離可見世界的難民。

在水底，我們需要重新校準外在的世界，因為我們與這個世界的關係既受到了限制，卻也膨脹了許多。水改變了我們看待事物的方式，因為我們眼中的萬物全被放大、扭曲，連顏色也改變了。嗅覺在此毫無用武之地。我們不能說話，這一點讓我們在某個根本層面上變得平靜。人聲不復聞，取而代之的是自己的呼吸聲，那是種溫和卻不斷重複的聲音，讓我們進一步變得更冷靜。其他的聲音都像被蒙在消音罩中。我們耳朵的設計，是以在空氣流動的環境中使用為前提，因此在水中，我們很難辨識聲音的來源，也無法接收音波的震動。我們還是聽得見，只是效果不佳。

不過觸覺卻很活躍。水溫大約二十四、五度，身上的各種皮膚感應器可以讓我判讀出和緩的涼涼水溫、水流，以及水的質地、震動與壓力。觸覺敏感度據說比語言交流或感情上的聯繫[2]還要強烈十倍，當我移動時，動作是平緩、流暢、悠閒從容、多方向性的。我第一次出海潛水時，陪同的教練是名年輕的女子，她會對我做各種手勢，傳達的都是很普通的訊息，譬如「檢查妳的氣壓計」、「往上」或「耳朵問題」等，她的手勢與姿態全帶著峇里島舞者那行雲流水般的優雅。我對實際存在的感受有了變化，感覺到自己的身體幾乎像從本質上就已經變得非物質化，轉而盡可能地遵循水流的波動。海洋世界所提供的隱身，不是看不到妳，而是更像一種自我稀釋，以及融合與適應的感覺。儘管聽起來怪異，但我甚至可以說，待在水底讓我有了一種與世界休戚與共的感覺。

實質存在的感覺也因為哺乳動物潛水反射反應（mammalian dive reflex）而有了改變。人類的身體沉入水中後，心跳頻率會減緩百分之十到百分之二十。血液循環也會減緩，並重新設定血液流向，將之導往重要的器官。心跳與血液循環都重新設定後，我們的神經系統也做了重新校準，這種身體功能變緩的感覺，讓心理也產生必然的對應。這是大家在深水中時，會提及寧靜、祥和與沉思的原因之一[2]，也是為什麼人們在情緒低潮或精神受創時，有時他人會建議他們把臉埋進一盆冷水中。自由潛水者閉一口氣潛入兩百英尺深的水底幾分鐘後也會有寧靜的感受，也是出於相同的原因；對這些潛水員來說，沒了呼吸的節奏，對時間的感覺會進一步降低。自由潛水者譚雅·史崔特（Tanya Streeter）曾說深潛對她而言，是一種尋找自己的方式，但也很可能因此徹底丟失了自己。

乙種腎上腺阻斷劑「服樂壓」（Propranolol）是一種可以降低血壓、減少焦慮的藥品，在面對預期的壓力前服用，也會產生類似的效用。每次服用服樂壓，我都會發現自己的心臟不再砰砰亂跳、手不會發抖、胃不再絞痛，而嘴也不會乾了。我確實存在於此，但身體的真實性變得比較低，因此我**在這裡的存在感**，也變低了。身體縮小感對冷靜自持的影響甚鉅，在我沉潛於加勒比海中時，這樣的感覺無比真實。背上潛水氣瓶，戴好面罩、呼吸調節器和一些鉛塊；沉入水底；開始呼吸；你會發現自己變成**較少的存在**，是多麼容易。

[2] 原注：Diane Ackerman, *A Natural History of the Senses* (New York: Vintage Books, 1990), 77.

處在深海水流中的這些美麗住民間，身為觀光客的我發現自己犯下各式各樣違反社交禮儀的災難行為，手勢也完全無法達到溝通的目的。我記不起輕敲面罩以排除面罩中的海水的正確作法，想掌握一系列在海底用來傳達基本訊息的簡單手勢也顯得蠢笨無比。游泳時使用的雙臂，在潛水時毫無用處，游泳時的踢水動作，幫助也不大；潛水時，踢水是臀部的工作。我無法掌握浮力，於是在腰部加了一塊又一塊的鉛塊。氣瓶裡的空氣消耗得極快。**耳壓平衡**這個詞彙，是指沉入深水時，利用捏鼻子或用力吞嚥的動作，來矯正耳鼓外部氣壓的機械式行為，也是有經驗的潛水者處理這種情況的第二天性。我發現跨越不同體驗，在努力想要維持精神平衡時，這個詞彙也適用——只不過我的操作方式依舊不正確。

幸好身處珊瑚宮殿中，沒有人會注意或在乎這類的事情。作家羅伯特・麥可法連（Robert Macfarlane）[3]曾說，進入水中就「猶如跨越一個邊界。你越過了湖邊、海岸、河緣——因為你跨了過去，所以到了一個不一樣的國度，而在這個不一樣的地方，你有了不一樣的身體，因此心靈也變得不一樣[4]。」不一樣的身體，其實更像是肉體幾乎已經脫離——亦即經過了重新的調整——在你心中，自己變得不再那麼重要，或許你還會發現，其他的東西也失去了它們的重量。期待、盼望、希冀、恐懼、擔憂等所有情緒，都好像減輕了。你得到的是一種身體有所歸屬的感覺。

雪曼對這一切知之甚詳。二十多年來，她研究大開曼島外的礁石，十分熟悉珊瑚礁島與那兒的許多居民物種。她對特定水溫下的海洋生物行為、某個特定早晨的鸚哥魚幼魚數量、特定珊瑚礁區的活珊瑚比例，以及海膽的數量衰退幅度，都有精準的掌握。然而，她也同樣提到潛水那種無法言明且深不可測的特性，她說「聆聽海洋時，我覺得自己正在聽著地球的呼吸」。

感知到的靜止會擴及思想與感覺。觀察力的出現與消失都變得遲緩。一朵海葵安靜地對著海流招手。一棵長達三英尺的紫色網狀海扇，幾乎在神不知鬼不覺的情況下拍動。有隻青綠色的海龜從我身邊漂過。一大群小花鱸揮動著牠們狂暴的鮮黃色魚尾，在我身下游動。海洋世界改變了我們對於方向那種先判斷、再確定路線的評量方式。在水底，幾乎不

3 羅伯特・麥可法連：一九七六年生於英國的作家，也是劍橋文學院士，作品以掌握景觀、自然、地方、人物以及語言著稱，二〇一七年獲美國藝術文學院佛斯特獎（The EM Forster Award）。
4 原注：Robert Macfarlane, *Landmarks* (New York: Penguin Books, 2015), 104.

可能以直線游到彼處，不過就算可以，為什麼要這樣游？在義大利小說家卡爾維諾（Italo Calvino）那本將各種想像的社區進行分類整理的《看不見的城市》（*Invisible Cities*）中，翡翠城（Esmeralda）是一座水城，運河與街道系統不斷合併與交叉，「交通網絡並未設計在同一個平面上，而是隨著階梯、河岸、弧形橋梁，以及上懸街道的高低走向來安排。」他還寫道：「每條路不止兩個出入口，而是有很多個出入口。」他認為繪製翡翠城的地圖時，「應該用不同顏色的墨水，將所有的這些路，不論堅實或流動的、明顯或神祕的[5]，全部納入。」當我看著神仙魚光閃閃地穿梭於這座水王國的拱廊當中時，翡翠城那種多樣化的路徑、無限可能的通路，就全湧入腦中。

我見過與這些海洋物種的流浪與飄盪最相似的人類，是幾年前一位朋友讓我在YouTube上看的一群日本青少年，他們穿著色彩鮮豔、包裹全身的連身衣，在水上漂浮，不時還彼此碰撞。其中一名全身豔藍的男孩，被一名全身亮黃的女孩抱著。另一名穿著鮮綠色連身衣的男孩，漂在他們身邊。他們以隱去了自我身分的穿著舉辦聚會，有時成群結隊地以彈性布料包裹住身體，因為據說匿名可以提升感官反應。在被稱為「包裹全身的緊身衣聚會」（Zentai party）中，這種完全遮住臉的表現癖，不見得一定與束縛或盲目的色情狂熱有關；有時，這麼做只是為了達到匿名的目的，並且能夠毫無顧忌地行動。這時在水中的我，想起了那些興奮的青少年，但是在海洋世界裡，無名、表現癖和束縛，都是很遙遠、很抽象的詞彙。習慣水裡的景觀，並為海洋環境所接受，是毫不費力的事。這些渾身散發眩目色彩的海洋物種，全都是謹慎行事的專家，將豔麗與審慎交織在一塊。

一九二〇年代，紐約水族館館長查爾斯・海斯金斯・湯森德（Charles Haskins Townsend）記錄了熱帶魚在他的展覽中改變身軀顏色與紋路的過程。他在一九一〇年為紐約動物學會（New York Zoological Society）所撰著的論文〈海中變色龍〉（Chameleons of the Sea）中，證明了一些熱帶魚皮下的色素細胞會因不同的行為啟動——追捕獵物、求偶、發出危險警告，而且棲息環境的變化性愈大，混雜的顏色就愈多。湯森德還觀察到七帶豬齒魚的行為受制於身邊環境與魚本身的性情，因此會影響魚兒體色的不只有石頭、沙或水，還有魚兒的「心情與虛假的興奮」。警戒、恐懼、驚訝與沮喪，再加上水底棲息地的顏色與形狀，構成了一套

5 原注：Italo Calvino, *Invisible Cities* (New York: Harcourt, 1978), 88–89.

極其複雜的色彩系統。

這塊調色盤上，一開始只有一群藍灰色的無齒鰺，牠們身上的銀色色調很快就沒入海水的顏色。其他的魚採用了比較賣弄的策略。黃色的長嘴魚利用垂直移動來模仿身旁珊瑚觸手的結構；牠們也會躲在由較大型的魚身體所投下的陰影處進食。寶石蟹的玫瑰色調，與牠們休憩處一塊塊珠寶般的粉紅珊瑚藻相互呼應。貼在比目魚身上的纖細棕色小魚，幾乎完全融入布滿小石的海床表面。身上有斑點紋路的海鰻，完全隱入其棲地上堅硬珊瑚礁裂隙的顏色和紋理。鬼虎魚身上多色的斑點，與生長在牠們棲息地的海藻幾乎無法分辨。蝴蝶魚身上的斑點是讓人迷失方向的圈套，就是為了讓掠食者搞不清牠們的眼睛究竟位於何處。鸚哥魚在晚上會分泌能隱藏牠們氣味的黏液，以躲避夜食性掠食者的追殺。這些花俏的賣弄，每種都讓上述海洋生物成了隱形大師。隱形的策略，大概跟有機生物的種類一樣，族繁不及備載。

遠離海岸、岩塊與珊瑚礁的深海中，有更多先進的隱形方式。由於深海缺乏可躲藏之處，生物發展出了與天然顏無關，而是與光照模式有關的隱形策略。深海魚的身體也許是扁平的，只要有些許光線就能直接穿透。有些魚類則是仰賴「反照明」（counter-illumination）系統，反照明系統指的是可以像鏡子般把光反射回去的銀色垂直鱗片。有些魚可以藉由身上的發光器，亦即一種製造光線的器官，迷惑在牠們上方游動的掠食者[6]。其他魚類則是具備在水裡散射偏光的能力；整個海洋環境就是一座偏光場，在這裡，光波只能在單一平面上傳遞。鐵頭刀是一種可以偵測光線，並將光線轉為對自己有利的魚。牠們皮膚上的微血小板可以反射偏光，達到迷惑掠食者的目的，這也是當今研究潛艇偽裝的軍事策略家[7]非常感興趣的視覺操縱法。

儘管海中滿是這些令人眼花繚亂的生物群，但裡頭也上演著平凡的事物。當然，我指的並不是一場冷漠的芭蕾舞劇，而是一個充滿了目的性、功能性、邏輯性，以及和掠食、進食、繁衍等大家都熟悉的日常生活行為。在我左手邊游動的藍藻魚正在尋找準備吃下肚的海藻；斑點蝴蝶魚正在大啖無脊椎動物；火珊瑚身上的釘針隨時會刺向我，如果我不小心擦碰

6 原注：Kenneth Chang, "A World of Creatures That Hide in the Open," *New York Times*, August 19, 2014, https://www.nytimes.com/2014/08/19/science/a-world-of-creatures-that-hide-in-the-open.html.

7 原注：Molly Cummings, "Invisibility: The Power of an Idea," 36th Social Research Conference, New School, New York City, session one, Research and Discovery, April 20, 2017.

到牠們的話；還有在礁石底休息、有著黃色剛毛的黃海毛蟲，萬一我剛好摸到牠們，牠們也會用身上的剛毛，將引發疼痛的毒液注入我體內。這些我們看不到的生命，有其平凡的一面。在水的領域中，隱身是生存平凡但必要的條件。

經過了一個上午的潛水後，雪曼提起之前她曾看到一條六英尺長的鉸口鯊。她向牠游過去，直到距離近到足以拍一張清楚的照片。「當然，如果那是一隻大白鯊、大尾虎鯊，或公牛鯊的話，」她說，「我肯定會感到害怕。」她談論著她在海水中的行為：「我人在那兒，卻沒有自覺。我可以意識到周遭的一切，但同時，我也是周遭的一部分。」幾天後我們一同潛水時，看到了一座個細枝鹿角珊瑚礁簇，這是一種成長迅速的珊瑚種，但近年來在此礁石間的數量卻在下降。這次看到細枝鹿角珊瑚令人意外的增殖，讓雪曼大為震撼，即使在海裡，我也能看出她高興大叫的樣子。穿梭在鹿角珊瑚群的橄欖綠觸手與黃色珊瑚群中，並與其一同繁衍壯大的是石鱸群，牠們身穿黃銀相間條紋，與珊瑚枝幹的顏色差別無幾，牠們閃閃發亮的存在，讓整座珊瑚礁顯得生意盎然，甚至散發著令人震驚的跨物種活力。

一會兒之後，我們發現自己正與幾隻巨大的梭魚共游，其中最大的將近五英尺長，牠們在這個威脅四伏的環境中悠哉地游著。近黃昏時段是牠們的進食時間，這群魚開始尋找較小的魚，準備捕食。我們於是慢慢朝牠們相反的方向游去。一隻渾身斑點、魚頭超級大的刺豚就在我們身下貼著海床移動。沒多久，我碰到一隻玳瑁沿著沙床下沉，並一路吃著途中的海藻與海草，牠頂著長達三英尺的甲殼與巨大的花腿，以大象般的優雅向前推進。「潛水時，我失去了些許的**我**，」雪曼曾這麼說，而這缺失的些許自我，似乎成了關鍵。身處在無重力狀態竟能如此令人開心，我覺得是有道理的。或許，這並不是零地心引力所帶來的新鮮感，而是因為感受到一個心靈自我（spirit self），一種知道失去了日常生活的物質性也是件好事的內在知識。

水裡的世界，就跟達利（Salvador Dali）[8]想像中的事物一樣超現實。一九二九年，他筆下出現了「看不見的人」，此人的金黃色頭髮來自雲朵，腿是瀑布塑成，身體則是殘垣斷壁構成，這幅畫是在達利自稱為偏執狂階段所畫出來的作品，反映出人被周遭環境吞噬的恐怖。達利的身分認同遭到了威脅，正在溶解，處於被周遭環境吞噬的邊緣。達利從未在熱帶海洋中潛水，也沒有任何關於哺乳動物潛水反射反應的知識。若他看到將自己裹在一叢叢珊瑚中的陽隧足，會作何感想？如果看到星形的海綿、像橘紅色大象耳朵的海綿，像球、桶

8 達利：一九〇四～一九八九，西班牙超現實主義畫家，生於加泰隆尼亞，與畢加索、米羅並列二十世紀西班牙最具影響力的畫家。

子、長管、花瓶或繩索的海綿，又會怎麼想？還有看起來像銀色羽毛撢子的海蟲？看到長得像鉛筆、樹葉、萵苣、繩結、紅酒開瓶器、鹿茸、手指、燭台、繩子、線、餐盤、門把、仙人掌、杯子、腦子、鈕釦、羽毛或扇子的珊瑚，他又會作何感想？他還會堅持自己的偏執嗎？如果他觀察到水面四十英尺下的狂歡會，他的恐隱症很可能會變成戀隱症。

後來在岸上，雪曼說：「我無足輕重，但我同時也是某種不凡的一部分。」我將這樣的認知當成一種參考，一種從土地到海洋、從人類到動物到星球、從地面生活到水下生活的經驗傳續的參考；而這也是承認我們感知到一個獨特且獨立的自我縮小感。結果證明，這種來自海洋的和諧感其實有其心理學基礎，而且近年來，研究人員對於究竟我們為何會在水中的世界裡找到這種歸屬感的研究，也有相當的進展。一如其他形態的運動，游泳與潛水也會產生腎上腺素、腦內啡等讓我們有正面感受的神經傳導物質。但沉入水中還能讓兒茶酚胺（catecholamine）的平衡產生變化，兒茶酚胺乃是負責管理血液流動與對壓力的不自主反應[9]。換言之，僅僅只是置身水中，似乎就能讓人產生平靜的感受。

格拉斯哥大學地理系副研究員伊莉莎白・史特拉漢（Elizabeth R. Straughan），研究的是觸覺介面（haptics），亦即人類處理感官資料的方式。她的研究內容包括觸覺、方向感、平衡感、移動，以及身體在直接環中所認知到的自身狀況，並同時汲取所在處資訊的方式。她所研究的項目中，有一項是皮膚如何影響我們對外在世界的印象。在觸覺對照的研究中，她注意到，要感知到觸覺，我們「得先了解身體如何透過內臟、無意識與認知工具來認可空間，以及與空間進行協調[10]。」史特拉漢研究我們的觸覺如何接合、影響，或以其他方式塑造想法與感覺；材質、紋理、空間與各種外在環境的物理性質，如何影響人類的認知與經驗，也是她研究的範疇。

史特拉漢認為，要在水中保持方向感，既需要戰術，也得保持積極。運動知覺（kinesthesia）是我們知道自己身體的哪個部分正在動與如何動的能力，也是我們對自己的身體處於萬物中具體位置的感官認知，想在水中保持方向感，這種能力扮演了一定的角色。由於水的密度大於氣體，因此我們沉入水中後，體內的氣體就受到擠壓，而潛水員從海平面下

9 原注：Wallace J. Nichols, *Blue Mind* (New York: Little, Brown, 2014), 109.

10 原注：Elizabeth R. Straughan, "Touched by Water: The Body in Scuba Diving," *Emotion, Space and Society* 5, no. 1 (February 2012), 19–26.

四十英尺的周遭海水所感受到的壓迫，強化了我們與身邊直接環境的連結感。「環境的結構——水、氣體、科技，以及身體內在與外在空間的經驗——會強化知覺，而這樣的感覺，與我們在習慣的陸地環境中所有的感覺不同，」她寫道。

呼吸與浮力的重要關係又進一步地增強了那些感覺的強度。潛水員利用呼吸來管理浮力：吸氣讓肺部充滿空氣，可以讓潛水員稍稍往上浮，而吐氣，或者將肺部的空氣排出體外，會讓潛水員更下沉些。因此，一個人如何呼吸，就跟身體的位置與定位點有絕對的直接關係。在陸地上，通常只有在練習冥想時，才能如此專注於緩慢、有節奏與連續的呼吸方式，但是在水底，呼吸、動作與自身位置的關聯要複雜得多。前庭系統除了控制我們對浮力的感受外，也掌控著我們在水中時的方向感；前庭系統位在內耳，負責控制我們如何在物理空間中行動。再加上潛水時身體的軸心改為水平，也就是會讓很多人聯想到飛翔的身體姿勢，都讓史特拉漢認為水的結構特質，加上深度與相對安靜的環境（水中的運動知覺經驗）會改變我們的心理狀態。她說，這一切感覺都具「活化情感」的潛力。這也是為什麼她認為水的世界對許多人來說，是個具有療效的景觀，是一個有助於療癒的處所。

比起消失，潛水比較像是對重量、實體與空間做重要的重新安排。當我們看到一個沒有盡頭的藍色無底洞時，很可能會把這種無限與自由聯想在一起。當我們身在一個更廣大的世界時，我們會與周遭的環境產生聯結，感覺受到包容與安置。不只我們的空間感會有所修正，就連我們的人性也是。**綜觀效應**（overview effect）指的是太空人在進行太空探險時，從外太空看我們的地球時會產生認知改變的情形。當太空人從太空軌道上看那顆藍色的大彈珠時，他們會重新評估地球上的生命、重新考慮區域分野、國界，以及身在其中的我們的重要性，也會無可避免地重新評定我們所賦予自己的重要性；毫不令人意外地，一九四〇年代末第一批從外太空拍下的地球照片，顯示了人類意識的一種轉變。沉浸在深海中，似乎也提供了同樣的必然結果，或許可以稱之為「下視效應」（underview effect）。儘管這是一種從下而非從上、從水底而非從天上的視角，是一種納入與連接，而非距離與分離的體驗，但這樣的過程依然能讓我們重審視自己在萬物之中的位置。

史特拉漢斷言，環境可以讓情感的經驗變得特殊[11]。一旦經歷過這類感受，我們還能用某種基本的方法來留住這類特殊感受嗎？記憶能夠召喚出這類感受，或甚至將這類感受應用在其他經驗上嗎？新聞記者莉莉安．羅絲（Lillian Ross）曾說，站在記者的立場假設隱形

11 原注：Deborah P. Dixon and Elizabeth R. Straughan, "Geographies of Touch/Touched by Geography," *Geography Compass* 4, no. 5 (May 2010), 449–459

存在，是很愚昧的。她說，你人就在這兒，你就在現場，或許你還是新聞的一部分，你的觀察甚至可能影響新聞事件的發展。然而儘管如此，你不是新聞的中心。也許就像雪曼所說：「你必須知道自己不是萬物的中心。」又或者如潛水員們所說，他們認為潛水「將我從自己移除了」。

一條黃尾紅鱺游過。一條藍色的鸚哥魚從我身下掠過。對牠們而言，我的存在毫無意義。

第五章

~~萬事萬物~~都可（在）抹消。

——佛萊德·摩頓（Fred Moten）[1]

「隱形墨水 Invisible Ink」

1佛萊德·摩頓：一九六二年出生的美國詩人與學者，也是紐約大學表演藝術教授。

跟很多孩子一樣，我也是透過簡單的檸檬汁加燈泡的煉金術，認識了消失的文字。我知道跟著配方一步步做，就可以讓紙上的字消失，於是我有了一大堆隱形信、隱形詩、隱形日記，以及隱形自白書的舊檔案，所有的這些隱形文件，全都是用一根牙籤寫出來的。我完全不記得這些文件的內容了，因為它們真正的價值，其實在於我知道了文字可以實質存在、可以來來去去，有時還會乾脆地消失。不過在青少年時期，我另外上了一堂有關語言無常的進階課：那天早上，我家收到了一份有關我父親的中央情報局解密文件。父親是記者與傳記作家，曾為《時代》雜誌寫過文章，後來也當過《生活》雜誌的戰地記者。他在五〇年代旅居日本、泰國，還在曼谷設立了亞洲基金會（Asia Foundation），這個組織專門為美國與新興亞洲國家交涉戰後關係。父親當時正在考慮寫回憶錄，因此對中央情報局所蒐集到他生命中那段時間的舊檔案資訊很感興趣。

整份報告根本難以辨讀。詞彙、句子，甚至整段文字都被塗黑。一頁又一頁似乎全是凌亂文字的組合，以及遮蔽文字的幾何圖形黑影。我記得父親先是挑眉，接著就無奈地聳肩，輕蔑地對著檔案揮了揮手。我記得當時母親還大笑著喝倒采。我也記得那份荒唐的文件躺在客廳的茶几上，這本無法閱讀的書，很快就成為家人的笑話。當然，我們都很納悶那一塊塊被遮掉的文字到底寫了什麼，但家裡沒有人想過可以**做**些什麼事來揭開謎底。

不是因為我們家人都不好奇，而是因為在我們家，不可知的事情都已司空見慣地被接受了。我們甚至可以享受那些不可知的事物。身為傳記作家，我父親深知資訊的公開與事件的細節該如何蒐集、組織與丟棄，才能呈現出一個人的人生。在東南亞的那些年，他知道自己遇到過誰、和誰喝過酒，也知道他見過誰。我想他對中央情報局認定的機密，應該有一點點的好奇。但我們也都打從心裡知道，不論我們的、你們的，還是任何人的家庭生活，通常都在未知與不可知的領域中運作。大家看不到的部分也許平凡日常、平庸繁瑣，但仍值得受到尊重。那份荒謬的文件與六〇年代後期的文化相符——當時電視遙控器上才剛出現沒幾年的靜音鈕，荒謬劇場（Theater of the Absurd）[2]與山謬．貝克特（Samuel Beckett）[3]的戲劇中難以捉摸的沉靜與劇中不時出現的劇情中斷，都具有重要性和意義。這一切全是現代文學開疆

2 荒謬劇場：二次大戰後的戲劇類型，劇本為荒誕小說（absurdist fiction）的劇場呈現，內容大多以生存主義的概念為軸心，表達當人類的生存沒有意義或目的，且人類溝通全都瓦解時，會發生什麼事；一般劇本會擁有合理的劇情與論證，但在荒謬劇中，劇情與論證被毫無理性與不合邏輯的語言取代，最後的結果就只剩下沉默；山謬．貝克特的《等待果陀》（*Waiting for Godot*）就是著名的荒謬劇之一。

3 山謬．貝克特：一九〇六～一九八九，愛爾蘭小說家、劇作家、短篇小說作者、劇場導演、詩人與文學作品譯者，以英文與法文寫作，一九六九年諾貝爾文學獎得主，也是荒謬劇場的靈魂人物之一。

闢土的呈現，因為在今天，消失的字和書頁間的字，一樣都能引起深刻的迴響。

「你看不到它，但它確實存在，」荷蘭書籍設計師厄瑪．布恩（Irma Boom）在提及她二〇一三年為了向香奈兒五號香水致敬，所做的一本完全未用油墨的書[4]時這麼說。三百頁的單色紙面上圖文並茂，從版權頁到玫瑰與茉莉花瓣的輪廓，到可可．香奈兒與畢卡索的引文，全都以紋路壓印。每一頁都是純白色，每一頁也都是一份研究，研究如何在並非完全隱形的情況下壓印出文字。清淡、具暗示性又細膩，這是種言語難以說明的表達方式。這樣的頁面或許真的非常適合用來呈現一瓶香水的傳記，但更重要的是，這也是二十一世紀新興文庫的一部分，因為印在這類書籍中的文字，正以不同的方式，消失中。也許卡爾維諾那份用了不同顏色墨水的地圖，也涵蓋了那些根本看不到的墨水。

二〇一七年俄國貝加爾斯克（Baikalsk）的冰雕圖書館，是一座用冰磚堆疊起來的冰牆迷宮，裡面冰存的四百二十本書，表達了來自世界各地的人的希望與夢想；一月在冷凍冰面上刻下的文字，會在四月融化。中國藝術家宋冬生長在並不富裕的家庭，他父親鼓勵他用毛筆沾水在石頭上練習書法，因為這樣就不需要用到墨汁和紙張。多年後，長大成人的他，不但恢復了這個習慣，還將之變成更頻繁的日常練習，而這種練習正與文字的幻滅有關；他在石板、街道、人行道上都寫過字。二〇〇五年，他來到了時代廣場，在水泥路面上寫一本書，而他筆下的文字，在高溫下幾乎立即蒸發。我看著他振筆疾書的照片時，也看到了文字消失的過程。那些文字全都在那兒，然後又都不在那兒了。

消失的文字並不是什麼新鮮事。綜觀歷史，消失的文字曾滿足過想像力、實際需要，偶爾還能應急。古羅馬詩人奧維德（Ovid）主張戀人用牛奶寫情書，收信者再用木炭粉讀取情書內容。美國獨立戰爭期間，喬治・華盛頓用五倍子提煉出來的單寧酸傳遞祕密訊息。萊諾斯・鮑林（Linus Pauling）[5]曾試圖用細菌製作隱形墨水。中央情報局最近將一九六九年開始蒐集的祕密檔案解密，高達九十三萬件近期解密的祕密檔案中，包含了各式各樣簡易的隱形藥水配方，其中部分的配方內容竟然意外地詩情畫意。「一份稀釋的太白粉溶液，再染上一點碘酒的色調。這種偏藍的字跡很快就會漸漸消失，」其中一張配方這麼建議。除此之外，用氯化鈷溶液寫的信，也會因為人體的熱度而顯現，等溫度下降，信上的字又會消失。

---

4 書名為《五號文化香奈兒》（*N°5 Culture Chanel*）。

5 萊諾斯・鮑林：一九〇一～一九九四，美國化學家、生物學家，《新科學人》雜誌（*New Scientist*）將他列為最偉大的二十位科學家之一；一九五四年獲諾貝爾化學獎，一九六二年獲諾貝爾和平獎，是極少數獲得不同領域諾貝爾獎的得獎人。

還有，若寫信的墨水是「由蔬菜油或洋蔥、韭菜、朝鮮薊、高麗菜、檸檬等蔬果汁製成，用熱熨斗熨過，字跡（可能）會變得清晰可見。」還有其他的抹消法，因應不同的必要需求而生。犯人有時會用尿液寫字。當烏克蘭詩人艾琳娜・洛士希金斯卡亞（Irina Ratushinskaya）被放逐到勞改營時，她用火柴棒把自己的詩作寫在一塊塊的肥皂上，然後在牢記上頭的詩作後，再用掉那些肥皂。

在這個資訊超載的時代，消失的文字在人類溝通上的價值，只會愈顯重要。空白的頁面、消失的文字、刪除的句子，似乎全都以一種意料之外的方式，暗示著這種稍縱即逝的表達方式已經變得切合實際且及時，並且更能捉住我們的想像。這樣的發展其實很合理。我們也許不是那些想把訊息送出去的犯人，但在資訊量以無限倍數成長的資訊時代，我們卻全都是俘虜。永不停止的資訊交換——不論是透過推特、臉書、Instagram、Tumblr，或Pinterest——已是當前日常生活的一部分了。以前電視上只有晚間新聞，現在是二十四小時的新聞循環播放。當我在自己所在的地區氣象預報網站查看冬季的天氣簡報時，不但所有取了名字的風暴都會冒出來，隨之出現在螢幕上的還有一條條的旗幟廣告，放送著動物救援機構、橘子汁廣告，還有地區銀行的貨幣市場利率資訊。有位演員朋友告訴我，現在光是看電影已經不足以滿足觀眾了；若要掌握完整的電影經驗，觀眾還要看導演剪輯版的背景故事與不一樣的結局。曾經，雜誌只有一個封面，而今天我從郵筒裡取出的一本雜誌，有三封面。

我們為什麼沒有變得懂得品味空白的頁面？不論資料與檔案是儲存於數位錄影機中，還是截阻廣告的軟體裡，刪除文字與圖像就跟創造文字與圖像一樣，成為現代溝通中相當重要的一部分。**我知道**我的蘋果手機也有隱形墨水的功能，可以讓文字簡訊隱藏在模糊的動畫畫素之後；輕輕一點，小點點馬戲團會暫時合成可以辨識的文字與圖照。**我知道**現在有一種稱為Signal（信號）的簡訊服務，可以刪除使用者的資訊，並將電子訊息加密，讓訊息除了收信人外，他人都無法閱讀（該應用程式的客戶據說已超過二〇一六年總統選舉投票者的四倍）。**我知道**現在有一種裝置可以阻隔旗幟廣告。**我知道**我家附近的史泰博超級市場有一整條走道，全是在販售高效能、自動餵紙、防卡紙、橫切的碎紙機。**我知道**文字與圖像的消除，已經成了解決我們身邊亂七八糟大小事的萬靈丹。**我也知道**，我們今天談論這些「沒看到」或「沒說出來」的東西，態度上就好像人類真的已經把這些東西做出來了一樣。

然而，針對這類新興科技的種種獨創性，藝術家與作家最滿意的，或許是這些科技所提供的隱晦表達方式，而且他們所提供的說法極具說服力。一九五三年，羅伯特·勞森伯格

（Robert Rauschenberg）[6]拎著一瓶傑克丹尼爾威士忌去拜訪畫家威廉・德・庫寧（Willem de Kooning）[7]，向他索取一幅自己之後可能會擦除的畫作。德・庫寧心不甘情不願地給了他一幅用墨水、蠟筆、鉛筆、炭筆與油畫材料所完成的畫。羅森伯格花了好幾個月的時間擦除德・庫寧作畫的印記。對於羅森伯格最後完成的這幅作品《被擦掉的德庫寧素描》（*Erased de Kooning Drawing*），大眾的評論從抗議抽象表現主義、惡意破壞藝術品、毀損，到弒父，以及虛無主義的行為，應有盡有，但羅森伯格本人卻說那幅畫具有「純粹的詩意」。畫作上的痕跡——被擦除、刮除後，幾乎什麼都不剩，最後只有原畫的鬼魂——暗示著作畫的實質過程可以被顛覆、還原，而消除原來內容的過程，也可以優雅、具選擇性，且需要高超技巧與講究。

塞・托姆布雷（Cy Twombly）[8]的文字畫布，似乎可以像黑板那樣塗鴉與擦除，是快速而即興的消失，也是瞬間而短暫的姿態。布魯諾・雅各（Bruno Jakob）隱形畫作系列的作品中，只有光、空氣和水的印記——是看不見之物無法抹滅的應用。張洹收集廟裡的香灰，然後用香灰這種物質消滅的縮影，以點字的形式轉錄聖經中的片段，那是一種故意不讓人看見的語言。珍妮・霍札（Jenny Holzer）的剪輯畫將解密後的戰爭文件放大成巨大尺寸，凸顯戰俘受到的虐待、政府的機密，以及軍事情報如何被隱藏、混淆，以及在大眾眼前重新被塑造。

河原溫的每一幅單色日期畫作，單純地只承載了一個日期，白色的文字與數字，用無襯線字體印在紅、藍，或灰色的背景色上；日期那天的頭條新聞與發生的事全封存在每一幅畫獨有的盒子中。由於小時候受到原子彈轟炸廣島與長崎的影響，河原溫用了大量時間標記來紀念時間的流逝，因此他的作品也暗喻了壓抑與拘謹也可能形塑著人類經驗。不令人意外地，這位藝術家鮮少接受訪問或出現在照片中。

藝術家安．漢彌頓（Ann Hamilton）在二〇〇四年麻州當代藝術博物館所布置的《文集》（*Corpus*）展，特色是由一台安裝在天花板的機器，有條不紊一次一張地撒下數百萬張半透明薄紙，鋪滿一大間空房間的地面；工作人員把房間中的紙堆成堆，之後機器會回收這些紙片重新撒下。這樣的過程不斷循環數天、數週、數月。「你可以把這些紙看成是無字天書，也可以看成是滿紙空白……因為白紙就像張開的嘴，擁有說話與寫作的可能，」漢彌頓

6 羅伯特．羅森伯格：一九二五～二〇〇八，美國畫家與平面藝術家，他早期的創作預告了後來的普普藝術運動（pop art movement），以一九五〇年的《集景》（*Combines*）系列作品最為著稱。

7 威廉．德．庫寧：一九〇四～一九九七，荷裔美國抽象表現主義畫家。

8 塞．托姆布雷：一九二八～二〇一一，美國畫家、雕塑家與攝影師，以自由塗抹的大幅文字，以及與塗鴉圖畫相似的畫作著稱。

這樣描述自己的布置。但是那天下午，我走過那個空間時，覺得在地上飄動的白色方紙，是在暗示未竟之言的實質存在，有時足以填滿一個房間，或一個生命。

現代詩或許面臨了迫切需要安靜的緊急時刻。詩人蘇珊．豪威（Susan Howe）的《歡樂建築》（*Frolic Architecture*），詩作名稱取自艾默生描述雪花任意飄落所造成的混亂景況。豪威在丈夫驟逝後完成的這部詩作，是漢娜．愛德華茲．威特摩爾（Hannah Edwards Wetmore）著作中各種詞彙與句子的拼貼。威特摩爾是十八世紀一位記錄了自己貧乏窘況的女性。豪威將擷取的片段重新排置，頁面上的字詞被「隱形」的透明膠帶掀離，有些字詞疊放在其他字上，有些被置於頁面正中央，另有些字詞被切開散落在遠遠的頁緣，一行行不同字體的文字依不同的軸向排列，它們全都帶有實驗性質且毫無條理，似乎堆疊著層層沉默。

藝術家與詩人珍．波文（Jen Bervin）在她的作品《網》（*Nets*）中，利用莎士比亞的十四行詩創作出一系列的詩作。原創的文本仍隱約浮現於頁面，但波文用較深的墨水凸顯某些字詞，製造出提煉與重新想像原著的效果。

瑪麗．魯弗（Mary Ruefle）的擦除作品改變了古董書籍的意義——不論是手冊、被遺忘的小說、年鑑，還是古代的勸言書——而她所使用的方法就是讓文字缺席。魯弗利用修正帶和一些膠帶讓某些文字消失，每一頁都只留下些許詞彙，這些詞彙經重新編排後，傳遞出一種隱晦且完全不同的新意義。這些書說明了文字、句子或整個文本，都可以在時間與記憶中重新排列，也說明了經驗本身或許可以用一支軟芯鉛筆寫下，但留下的印記卻會輕易被抹消的概念。我有一本這樣的書，那是一本一八七〇年出版的小手冊，裡頭在解釋「耐心」遊戲的玩法。在名為「正統主義者」的章節中，有一頁的文字全都被塗上修正液，只保留「當你注意力不集中的時候，你必須非常謹慎地觀察」這句話。一頁又一頁，這樣的刪節行為重複出現，讓這本書成了一份紀錄，記下了思想、知識和認知，如何在數十年的時間洪流中遭到刪除的可能，或許更重要的是，耐心這個等待的行為本身，如何成為被時間抹消之物。

「人生比必要多出了太多太多的東西，」魯弗在提及這個作品時曾說，「也比我們任何一個人所能承受的多出了太多太多的東西，因此我抹消掉那些東西，而那些東西也抹消掉我們，我們自己就會抹消掉那些被我們忘卻、我們所不知道，或沒經歷過的事物，等到臨終時，就連那個有限且已被擦除的「整體」也更進一步地消失，如果你夠幸運，也許還會記得水這個字，其他的都被抹消了；如果你夠幸運，也許還會記得一個地方或一個人，但任何人都絕對不可能在臨終前完整且有序地讀出自己完整的生命之書[9]。」儘管魯弗對無常的事物做了如此的宣言，但她的工作其實很有實質感——她的作品全都是讀者可以拿在手中、具有實體的真正書籍，也是文字可以輕易被抹消的具體證據。這樣的創作方式解釋了她所說的：「當我忙著做這些作品時，我不覺得自己正在抹消任何東西。我覺得我在創造，在讓我的作品活起來。這些作品並不是負面的消滅。而且在創作過程中，我思考看得見的字的頻率，遠比看不見的字更高[10]。」無可避免地，不存在竟然出乎意料之外地顯眼，甚至重要。

其他的抹消更具概念性。詩人約書亞・班奈特（Joshua Bennett）在他的詩作〈家的力量：死亡的推定〉（Home Force: Presumption of Death）裡，移除了佛羅里達州所謂的「自衛法」（stand your ground law）中的一些文字，而剩餘文字的重新排列，讓「自衛法」變成一份毫無防備者強烈指出自己橫遭暴力的控訴書。詩人尼克・弗林（Nick Flynn）在詩作〈七份證詞（節錄版）〉（Seven Testimonies (Redacted)）中，將巴格達中央監獄（Abu Ghraib）裡的戰俘證詞重塑成一份尖銳的新紀錄，記錄下那些抹去人性認知的虐囚行為；為了表彰戰俘的證詞，弗林將這些戰俘原始的書面證詞繕本附在書的最後。強納森・薩弗倫・弗爾（Jonathan Safran Foer）的《密碼樹》（*Tree of Codes*）將猶太裔波蘭作家布魯諾・舒茲（Bruno Schulz）的作品《鱷魚街》（*The Street of Crocodiles*）做了文字刪減與重置。《鱷魚街》說的是與某個神祕城市相關的系列故事。在地圖上，這條街呈現一片雪白，是一塊未經探索的極區。在弗爾的反覆描述中，抹消是觸摸得到的東西，一種瀕臨文學暴力的心靈切割。消失有其獨特尖銳、堅硬的邊緣，而裁剪出來的內容讓整個文本變得支離破碎。弗爾曾描述這個過程就像打磨墓碑，抑或像是這本書可能曾經做到的那樣，將夢境謄寫出來，他說，「我向來都記不住那麼多句子，或者應該說，在裁切的過程中，我遺忘了許許多多的句子[11]。」消失的字跟讀者看得到的那些字一樣，都傳遞著意義。

如今，玩弄消失的文字已經變成無趣的商業化行為，譬如那些箝制言論自由的空白書，這些書有著《男人除了性，還會想什麼》（*What Every Man Thinks about Apart from Sex*）、《年事漸高的喜悅》（*The Joys of Getting Older*），或是《莎拉．裴琳的智慧與機智》（*The Wisdom & Wit of Sarah Palin*）之類的書名。二〇〇六年，克羅埃西亞廣告公司「布魯克卡與辛尼克」（Bruketa & Zinic）為歐洲食品商「帕德洛夫卡」（Podravka）設計了一支名

9 原注：Mary Ruefle, "On Erasure" (lecture, Vermont College of Fine Arts, Montpelier, VT, January 2009).
10 原注：引述自魯弗於二〇一六年五月二十五日在佛特蒙州帕蘭湖（Lake Paran）與作者的會談。
11 原注：Jonathan Safran Foer, "Jonathan Safran Foer's Book as Art Object," interview by Steven Heller, *ArtsBeat* (blog), *New York Times*, November 24, 2010, https://artsbeat.blogs.nytimes.com/2010/11/24/jonathan-safran-foers-book-as-art-object/.

為「全熟」（Well Done）的廣告。廣告公司在一大份財務報告中，夾了一小本畫了插畫的食譜。小食譜一開始全是空白的頁面，但因為用了熱感應墨水，所以只要將食譜裹入錫箔紙，放入烤箱烤二十五分鐘，就能看到食譜裡的內容。

文學出版社「偉夫圖書」（Wave Books）在自家的網站上提供了一個連結，可以讓所有訪客藉由重塑維吉尼亞・吳爾芙（Virginia Woolf）[12]、亨利・詹姆斯、梅維爾，以及康德等其他作家的作品，製作幽靈詩。「抹消是一種過程，你可以在過程中選擇任何一個作品，並藉由這個作品創作出一首詩，」這個網站解釋。作者的原著會出現在螢幕上，只要用滑鼠輕點上頭的字詞，訪客就可以讓字消失或重現。這個網站的訪客可以看到所有重造後的詩作，輕點原著，他們可以選擇再次修改已存在的刪減詩作。這個網站另外還專為讀者設計了製作任意詩的網頁：輕點連結，詩作中一半的字會消失，而消失的字明顯沒有邏輯性、次序，或考慮到詩作的完整性。耶！又發現一首詩了！

就像需要先烤過才能看到內容的文字，一開始一切似乎都輕率或冒失得令人覺得怪異，簡直就是一種膚淺的練習、一種為了測試文人文學造詣所創的不登大雅之堂遊戲，抑或只是一種新鮮的晚宴聚會遊戲、拼字遊戲、益智拼字遊戲的變化版。只不過，在這個練習中，你要對付的不只是字母，還有周圍的空白。如果把字串在一起可以是即興、快速，而且隨興的行為，那麼讓字消失也可以同樣即興、快速，而且隨興。我不只一次造訪個網站，發現這個遊戲其實是一種與填字遊戲剛好相反的迷人遊戲，因為在這個遊戲中，你不是去填字，而是去創造空白。我當然不會去寫詩，但仍然發現了一些微不足道的事實，讓我理解到沉默如何可以成為語言的一部分，以及書頁上不同文字的消失，如何傳遞著不同的意義。

一般都認為，抹消的行為源於刪除戰時書信中的關鍵詞，以及刪減戰爭報告內容的審查制度。不過在一九七三年，故事中的空白卻成了故事主體。尼克森總統與其幕僚長霍德曼（H. R. Haldeman）的談話錄音，竟有超過十八分鐘的內容遭到刪除，這個發現引發了刑事偵查，最終迫使尼克森辭職下台。究竟是誰、用什麼方法刪除了錄音內容，直到今天仍然成謎，但這個事件卻毫無疑問地成了推翻一位總統的助力。分分鐘鐘就如同一字一語、時間就如同語言，憑空消失似乎只會為一個事件帶來更大的力量。錄音帶上的空白，不僅是政治偏差行為的里程碑，也是更廣義的人類溝通上的里程碑，一如二十年前羅森伯格所創作的《被

12 維吉尼亞・吳爾芙：一八八二～一九四一，英國非常重要的女性作家，也是二十世紀重要的現代主義者，使用意識流（stream of consciousness）手法寫作的重要先驅。本書第八章所提的《達洛維夫人》，就是她的知名作品之一。

擦掉的德庫寧素描》對藝術界所造成的影響。即使到今天，**十八分半**這個詞彙不僅讓人想起一個無法無天的總統，也引人聯想到抹消所具有的久遠神祕力量。

穿過紐約的街道，你會看到各種幽靈標誌——曾經畫在磚牆建築邊的廣告訊息——正兜售著油品、紙張與服飾。現在，這些標誌都成了淡化的痕跡，一種印刷的考古遺跡。然而，正是因為這種缺陷，使得許多幽靈標誌成為受到保護主義者熱愛的地標。褪色的文字，那些將忘未忘的詞句，可以在人類的想像世界中占有一席之地。我經常造訪的社區有個看板上寫著「沃夫紙業與捻繩公司」（Wolf Paper & Twine Co.），壽命短暫的商品與褪色的字母，在堅固的紅磚建築襯托下特別顯眼。

有多少不同的方法可以讓字詞消失？日常的漠不關心、隨意濫用、疏忽、不重視，或注意力的轉移，都會讓字詞消失。羅伯特・麥克法倫（Robert Macfarlane）[13]在《地標》（*Landmarks*）一書中說明語言和地標兩者其實性質相同；他注意到《牛津小學初級字典》（*Oxford Junior Dictionary*）的新版編輯刪除了**橡樹子**、**蝰蛇**、**灰燼**、**櫸木**、**風鈴草**、**毛茛**、**柳絮**、**音樂會**、**小天鵝**、**蒲公英**、**蕨類**、**榛樹**、**石南花**、**灰鷺**、**常春藤**、**翠鳥**、**雲雀**、**槲寄生**、**花蜜**、**蠑螈**、**水獺**、**牧場**、**柳樹**等詞彙，卻增加了**附件**、**長條方塊圖**、**部落格**、**寬頻**、**項目符號**、**名流**、**聊天室**、**剪貼**、**數位播放器**，以及**語音訊息**等詞彙。

泰莉・坦普斯・威廉斯（Terry Tempest Williams）[14]在她的作品《當女人是鳥兒時》（*When Women Were Birds*）中，描述她母親如何包裝日記，囑咐女兒在自己死後再看。一個月後，母親辭世，威廉斯終於鼓起勇氣靠近「滿滿三層書架上由美麗的布書衣所包裹起來的書，書衣材質包括了印花布、佩斯里花紋布[15]，以及單色布，」但她翻開一本又一本的日記，卻發現所有的日記裡全是空白頁。為了全力揭開母親的祕密，威廉斯一共翻開了十二本空白日記簿。後來她才發現這些空白頁面蘊含了無數意義，包括某次犯法、某次穿著白衣鬧出的笑話、蒐集的白色手帕、沉默的和諧、投影螢幕、一道炫目的光芒、一張剪紙、一道傷口、一個舞台。

威廉斯將這些空白的頁面想成是紙的墓碑。我想抹消的傳統其實應該始於墓園，在經過

13 羅伯特・麥克法倫：一九七六～，英國作家、劍橋文學院士，專長當代文學，也是英國史上最年輕的布克獎評委會主席。著有《故道》、《心向群山》等書。

14 泰莉・坦普斯・威廉斯：一九五五～，美國作家、生態保護主義者，作品關注生態與荒野保護、女性健康、人類與文化及自然的關係等議題。

15 佩斯里花紋是一種由圓點和曲線組成的華麗紋樣，形狀像變形的水滴，取自印度教「生命之樹」菩提樹葉或海棗樹葉。

了數百年風、雨、雪、沙，和其他各種自然界的審查機制檢驗後，墓碑上的名字與日期早已磨損。時間是事實最強大的刪減者。我的父母三十多年前就已辭世，他們的名字與生卒日期仍清晰地鐫刻在他們的大理石墓碑上。那是個古老的墓園，離他們的墓碑幾碼遠的石灰石墓碑被酸雨侵蝕得坑坑巴巴，其他砂岩製成的墓碑則因歲月而粉化，使得原本蝕刻在這些碑石上的文字與數字全都無法辨識。有時藉由觸摸還能認出一些文字，但並非每次都能成功。

物體或文字，何者會先滅絕？其中之一可能成為另一方的救星嗎？這是二〇一六年在英國劍橋生物多樣化研究中心大衛．艾登堡大樓（David Attenborough Building）所舉行的一場名為《看見紅色……瀕臨滅絕》（*Seeing Red...Overdrawn*）的展覽所提出的問題。這場展覽致力於讓大眾認知到有八萬多種植物與動物物種面臨愈趨嚴重的絕種威脅，而整場展覽的焦點，在於原本被抹消的物種，返回到可以讓人看到的反轉過程。展場中一整面都是文字的牆，寬二十二英尺、高九英尺，上面編錄了四千七百三十四種目前面臨極大滅絕危險的物種，主辦單位將這些物種的拉丁文名稱用幾乎看不到的文字寫在牆面上：*Niceforonia adenobrachia*是一種在哥倫比亞發現的蛙類；*Partula guamensis*是一種很小的熱帶陸地蝸牛；*Murina tenebrosa*是一種在日本發現、有著管狀鼻的灰撲撲蝙蝠。不像波文凸顯莎士比亞十四行詩中某些選定的字詞，這場展覽的觀眾受邀用不會褪色的筆，將這些學名重新寫過一遍，讓那些幾乎無法辨識的瀕危物種學名顯現在大眾眼前，讓大家都能看到，喚起大眾對這個議題的關切。

那些原本應該存在但從未說出口的字詞，我們都很熟悉；那些被遺忘了的字詞，以及我們希望自己從未說出口的字詞，我們也都應該很熟悉。我曾收到一張令人印象深刻的試卷，這張試卷的主人是個沒有看完指定課本進度的學生。在試卷的上方，他用很小很擠的字寫著**我沒看完指定內容，我對這個議題毫無所知**，在這兩句話下面是一片空白，正好證明了他的無知。我曾考慮把這張試卷裱框。任何人都可能交出這樣的試卷。但空白的試卷並不代表無話可說。人類的語言力量來自於知道該說什麼，以及知道，真正地**知道**，不是什麼話都可以脫口而出。**弦外之音**這個成語，正代表這種普世都接受的事實。小說家雪莉．哈札特（Shirley Hazzard）曾說：「語言——不論是在文學作品裡，還是生活中——都可能非常鄭重地暗示著未竟之言。」海明威從刻意省略的基礎上，發展出一整套特有的寫作風格，他解釋：「冰山移動所呈現的莊嚴感，在於海面上僅顯露出它實體的八分之一。」

活在所謂的資訊時代，表示我們需要被如此提醒。提醒你的或許是你內心的聲音，而這個聲音反映著你母親曾經說過的話、你五年級的死黨所說的話、某種猶豫或恐懼、某首背景音樂、你腦中的噪音，抑或是某種我們所聆聽或拒絕聽取的所有內心使者的回音等等，隱約存在於我們現在思考方式中的聲音。當布恩說「你看不到它，但它確實存在」的時候，她正是在提醒我們這一點。她提醒著我們，赤裸裸時代中含蓄的美麗，而她說的並非只是一瓶法國香水，而是所有你希望說出來、所有你永遠不會說的、所有你想要說但沒有說出口的、所有已經說出口但希望抹消的、所有不可能說的、所有你告訴了我，但我早已經忘卻的、所有我希望有一天能對你或其他任何人說的，以及所有你可能不如用水寫在石頭上的一切。

未竟之言自有其精準之處。有關我父親生平的那本無法閱讀的書，正因為其隱晦不明，而使它變成一份正確且一目了然的檔案，二〇一八年的任何個人品牌策略師，都不可能比半個世紀前的中央情報局職員做得更好。身為新英格蘭人，我父親保守的天性是同時受到基因與地理因素的影響，而他一生始終都對記憶塑造人類經驗的方式深感興趣。他很清楚記憶與遺忘是不可分割的一體兩面，而且閱讀完普魯斯特後，他就沒再費心去讀其他的小說。在我成長的過程中，父親不止一次告訴我，人腦就是設計來遺忘、篩選資訊，以及選擇重要的資訊，有時人腦可以圓滿達成這個任務，但不是每次都能成功。

最近我在閱讀一份有關睡眠功能的科學論文時，常常想起父親。那篇論文認為睡眠的功用在於提煉記憶，大腦重新檢視白天的神經連結、篩選並整理這些連結，刪除無關緊要的部分，並因此獲得重新充電的機會。我父親會說，大腦丟掉的東西，要比留存的東西多太多了。正是那些模糊不清的刪略，使得被刪減後的檔案，完美捕捉住我父親的身影。

第六章

我覺得自己在工作時就只是個無名氏。看照片時，我從來看不到自己；這些照片不是我的肖像。有時候，我消失了。

——辛蒂．雪曼（Cindy Sherman）[1]

「認同的水療池
At the Identity Spa」

1 辛蒂．雪曼：一九五四年出生的美國攝影師與行為藝術家。

不久前，一位高中同學用電子郵件寄給我一張全班畢業時的老照片。懷舊、開心、好奇、疑惑等等正常的反應，一股腦襲來。六十多個女生，全穿著白色洋裝，在一個春天的早晨排排站在教堂的階梯上，那時候的我們都是些怎樣的人呢？有些人直視著相機，有些人在笑，有些人在走神，眼睛看向其他地方，髮絲飛揚，還有一位完全背對鏡頭。

當然，我在照片中找尋著自己。一個棕色長髮女孩的臉有部分被遮住了，不曉得那是不是我。有一個眼睛沒看相機，還有一個大概比一個小黑點大不了多少。我搜尋著自己的臉，在筆電螢幕上把照片放大到像素都變形了。難辨的身影，提供的是空白的資訊，直到最後我突然想起：我根本沒去照相嘛！當時的我急著盡快脫離高中生活，而且隨時處於憤怒且毫無耐性的狀態，對這種沒有意義的感傷不屑一顧，我當時簡直把青少年的特質發揮到極致，蹺掉了全部的活動。或許我當時曾想過，只要跳脫出照片，就可以讓自己更快且更有效地進入這個世界。數十年後的現在，我真希望自己能被納入這張過去的全景人物照中——而我知道，這正是我們對自己的消失通常會有的典型矛盾感。有時，消失是我們渴求不已的事，有時卻又令人抱憾不止。

即使在那麼多年以前，我便已明白溜出照片的情緒力量。當時小小的脫序行為，今天卻可能變成一件小小的數位藝術作品。或許我們還可以把缺席看成是一篇社會聲明。又或者，今天我也可以輕易地把自己photoshop進照片中，當成是女性主義的主張，抑或是為了重塑畢業典禮傳統所做的努力。又或者我可以什麼都不做，冷眼面對自己獨特的缺席，因為我的影像早已散見各個社群媒體網站。在今天，身分與影像來來去去、消失又重現，這樣的現象早已成為視覺文化的一部分。八〇年代以降，辛蒂・雪曼自拍的相片，為現代人物的放縱揮霍提供了啟蒙。她擺出各種姿態：過氣女星、文藝復興時代畫家、《花花公子》插頁女郎、小丑、職業婦女、家庭主婦、社交名媛等等。透過化妝品、服裝、義肢、暗房技術，以及修圖技巧，她可以裝扮成無數的角色。若她認為自我是卷混音帶，那麼她也提到了她所感受到的無名感，以及她在自己所創造的眾多角色中消失的訣竅。

從那時開始，身分議題變得愈漸重要。我們認知到人種、種族與性別上的差異。自從麥可・傑克森成為不論是小孩或大人、同性戀或異性戀、黑人或白人等領域的開拓先驅後，人們愈來愈能認同自我的可塑性，而到了凱特琳・詹納（Caitlyn Jenner）與瑞秋・多爾札爾（Rachel Dolezal）[2]的年代，我們對事情的接受度更是愈來愈有彈性。性別認定比我們之前

2 凱特琳・詹納與瑞秋・多爾札爾：前者原名為威廉・布魯斯・詹納（William Bruce Jenner），一九四九年出生，一九七六年奧運十項全能金牌得主，也是電影電視演員，二〇一五年以女人身分出現在大眾面前，

以為的定義要寬鬆得多，而傳統的性別二元論也已過時；生理性別（sex）屬於生物學範疇，但社會文化上的性別（gender）卻是文化結構下的產物，反映的是文化態度與行為[3]。人種與種族的定義也幾乎隨時在變化。二〇一五年，根據皮尤研究中心（Pew Research Center）所發表的一份報告，將近百分之七的成人是多種族[4]，而這個數字預計會在二〇六〇年成長三倍。然而，這種身分認知的形成並不局限於遺傳學。「多種族認同並不僅是族譜的建立，也是經驗與態度的產物，這讓我們有點大開眼界，」[5]皮尤研究中心社會趨勢研究主任金・帕克（Kim Parker）這麼說。

不過，在當前大眾對任何事物的態度似乎經常出現立即一百八十度轉變這種令人憂心的文化下，我們愈了解自己的身分可以輕易變更，就能找到愈多的方式探索自己的性格，並加以分類。電動遊戲、數位媒體，以及社群網站平台，都讓我們得以想像各種虛擬化身，然後設計出一個又一個全新的自己。儘管這樣的作法，有很大部分仍處於渴望成真的階段，但臉書已經在二〇一七年承認約有六千萬個臉書帳戶所有人用的是虛構身分。新近竄起、將虛擬數位資料合成為知名或大眾能夠辨識出來的人物影像的技術，就稱作**深度偽造**（deepfake）；不論使用者是為了做政治宣傳或散播色情，他們都能利用數位複製技術，從他人的聲音、動作或臉部表情，創造出幾可亂真的分身。面對電子假資訊的所有發展，其他新興科技也力圖振作，為的就是證明我們在遺傳學與生物學中所定義的自己。早已成為日常安全、監視與智慧手機密碼運用工具的人臉辨識技術，藉由如眼距、鼻梁斜度，以及下顎角度等量測資料，比對臉部資料庫中的資訊。生物辨識資料——如利用臉型尺寸與輪廓樣板，再加上指紋、虹膜掃描、耳型、皮膚紋路與明亮度、聲音辨識、心率、賀爾蒙濃度，以及腦波等資料來確認身分——使用度也愈來愈高，而且不限於監視目的。DeepFace是臉書綜合模式辨識軟體，可以將老化、姿態、臉部明亮度與表情都納入考量，因此即使是一張模糊或未面對鏡頭的面孔，仍可以進行比對。在美國，人臉辨識技術大多未受規範，使用時也未經過當事人同意，而且這項技術很容易出錯，辨識白種男人的正確度要高於深色皮膚的女子。據稱，特別作為執法用途的亞馬遜人臉辨識服務Rekognition，因為威脅到人民自由而飽受美國公民自由聯盟

二〇一七年進行變性手術；後者為一九七七年出生的美國作家、多媒體藝術家，曾任全國有色人種協進會分會負責人，是個自稱黑人的白人。

3 原注：Gender binary memo from Bennington College, September 4, 2014.

4 原注：Bonnie Tsui, "Choose Your Own Identity," *New York Times Magazine*, December 14, 2015, https://www.nytimes.com/2015/12/14/magazine/choose-your-own-identity.html.

5 原注：Richard Perez-Pena, "Report Says Census Undercounts Mixed Race," *New York Times*, June 11, 2015, https://www.nytimes.com/2015/06/12/us/pew-survey-mixed-race-multiracial-america.html.

抨擊。然而，上述問題並未減緩從財經業與保健產業，乃至娛樂業與零售業等各式企業使用這類軟體的腳步。

只不過人類曝光的需求有一定的極限，而此種科技的發展很快就會危及人類隱私。駭客找出辨識我們特徵的難度愈高，我們收集與釋出的重要資訊就愈多。這種情況當然會引發質疑。我們為什麼要把生物辨識系統中細微的差別資訊，交給政界的幕僚人員、行銷主管，或商場的保全人員？視覺圖像不僅幫我們認真思考身分議題，也協助我們徹底釐清身分之所以存在、出現與消失的原因。現代的數位媒體或許可以提供無數種探索身分的方式，然而這種探索的結論卻依然曖昧不清：因為即使身分的可塑性極高，但說到底，你就是你啊。身分既是固定的，也是易變的。自從九〇年代義大利《色彩》（*Colors*）雜誌編輯提柏・卡門（Tibor Kalman）把教皇變成了亞洲男人，並且以非裔女子的形象詮釋伊麗莎白女王之後，圖像的可能就有了飛耀般的進展。

組合與拆解身分的衝動發生的年代，就和照相機一樣久遠；影像始終是我們重新思考與重新創造家庭歷史的幫手。我先生的家庭相本中，有一張從中間被撕開的黑白照片，照片中他的母親依舊年輕，正對著鏡頭微笑，而在粗暴的斷裂線旁，是與她離婚的丈夫被撕除的身影。消失的父母、不合的父母，還有形同陌路的手足，都能用實際的撕扯行為從家庭照片中刪除，其粗暴程度絲毫不亞於感情破裂的程度。

然而，現代科技在提供減法的同時，也貢獻了加法。在佛蒙特綠色山脈（Green Mountains）舉行的一次大學同學會上，有個同學用photoshop軟體將那些無法趕來度週末的同學全編輯進照片裡；因此儘管他們缺席了，卻依然坐在樓梯上或門廊的圍欄邊，儘管有些不自然，他們卻全都再次確認了精神與我們這個大家庭同在的態度。我們不僅可以想像，更能夠證明全班都到場了。另一張好幾年前拍的類似照片中，一個正在佛蒙特門廊上朝著鏡頭外的籃框投籃的傢伙，他那個週末人其實在紐約。這種神奇的現實主義與我們長年維繫友誼的方式非常契合，並且天衣無縫地、不可預知地、神祕地將我們的友情融入了地理位置上遙遠的生活與經驗。

經過處理的照片與消溶的自畫像，已變成當今大眾愈來愈熟悉的象徵符號。安迪・沃荷（Andy Warhol）在一九八七年過世前不久，以壓克力網版技術創作了一系列自畫像，他以軍用迷彩圖案將自己的面容印於黑色背景色上。不規則的色塊讓他的臉顯得破碎，有些是斑駁的綠色、灰棕色，有些是粉紅色、腥紅色，以及藍綠色，這樣的圖像訴說著我們彼此之間如何保持著遙遠、隱密、看不見與未知的距離，同時也傳達著身分的認知。

日本藝術家五木田智央二〇一六年的黑白系列畫作，讓人回想起早期電影明星和名流人士深具魅力的照片，當中包括慵懶的女子、花花公子兔女郎、藝妓、海報女郎、穿著晚宴禮服的女子、全家福，以及婚禮的圖像。然而，畫作中許多人物的臉，卻因塗料的斑點、汙漬，或某樣物體而顯得模糊不清。於是，我們只能從服飾、物品、個人習性、配件、和他們在一起的其他人等這些取代人物性格的條件中，去認識這些被遮去面孔的人物，而這些條件其實也一直是我們用來辨識彼此的基本工具。那麼，在今天，身分的組成元素究竟是什麼？這位藝術家這麼問。

二〇一六年為《紐約》雜誌拍攝「少一點自己」（Self-Less Portrait）的專題時裝照時，身兼攝影師與模特兒的瑪亞・芙羅蕊（Maia Flore）在一系列的照片中，用亮麗的秀髮裹住自己的臉龐、轉頭避開鏡頭、走到一扇正在關閉的門後等方式，隱藏了自己的臉。此舉無關刻意的惺惺作態。在間諜軟體與深度偽裝橫行的年代，即使是時裝模特兒也擁有些許朦朧的權利。攝影師史蒂芬妮・席菊可（Stephanie Syjuco）也兼任自己系列作品《申請人照片》（*Applicant Photos*）中的模特兒，她不斷在難民提出移民與庇護申請時必備的大頭照議題上做文章。透過以圖案生動的紡織品將自己全身包裹，席菊可建構了無臉的人物，描繪出移民在社會上遭人漠視與必須躲藏的情況。布料的鮮明圖案同時也讓人聯想到令人眩目的迷彩，進一步引人誤解照片主體的身分。這些看來隨興的人物照其實傳達了更多的人道關懷，揭露了難民的出現與被接納，通常也與消失這個令人痛苦的難解習題有關。

艾德．艾特金斯（Ed Atkins）是利用所謂的「動態捕捉技術」（performance capture technology）來建構人物影像的藝術家，他請一百個民眾朗讀他準備的一份腳本，同時利用人臉辨識軟體記錄這一百人的聲音、姿態與臉部表情。接著，他下載這些人讀出的字詞、抑揚頓挫的語調與臉部特徵等資料，並將其合成在一個沒有軀體的虛擬（男性）人物上。鬼魅般的頭顱與四肢漂浮在空白的螢幕裡，就像任何穿著萬聖節連身緊身衣小鬼的遠房怪叔叔。如一位評論家所寫：

> 我們看到的身體是一個融合的虛擬人物，他表現出來的聲音也一樣是融合的結果，曾經專屬某人的臉部表情，現在成了全體人類共同的表情。當某些藝術家仍擁抱紙筆時，艾特金斯已在鑽研讓每個人都獨一無二的指紋，但他同時也剝除每個人的記憶與熟悉的身體結構。這是虛無的極致分身，一副被支解的軀體[6]，既是生存的建議，也是真實的隱喻。

艾力克・索斯（Alec Soth）[7]的自拍照提出了一種認同池的概念。他的各種「非自拍照」（unselfies）捕捉到自己被各種短暫存在的事物所遮蔽的臉：水、霧、雪、冰晶、一道蒸氣、一杯水、一個突然的動作、一次像素的重組、一顆被拋入空中的球、一部他高舉在面前的照相機，或一片飄在湖面的蓮葉。迴避鏡頭的頭部照片暗示著與人臉辨識科技完全相反的表現，或許可稱為人臉健忘科技，或人臉消失科技；這些照片非但並未正確顯示臉部特徵，反而饒富詩意地模糊了臉部特徵。這些照片的影像，讓我想起母親以前在廚房煮湯時的表情，她總是在爐子上燒一大鍋水，再朝鍋子丟入一把來自瑞士山區的香草，然後將擦碗盤的毛巾蓋在頭上，讓自己的皮膚吸收香氣濃郁的蒸氣。有時她也會用蛋白或優格、些許沙粒、一小塊礦物，或由一坨海草、蜂蜜、燕麥、木瓜調製成的綠泥來敷臉，彷彿任何平凡的居家用品都具有足以讓人將臉重新整治一番，或甚至完全換一張臉的力量。所有這些用品，似乎都能做為一片面膜，重新調校一個人的皮膚細胞、臉部肌肉、表情，有時甚至還能改變一個人的生存方式。

索斯的自拍像暗示了一種完全不同類型的細胞重建。他的影像以某種與人臉辨識系統保持極大距離的替代系統存在。究竟是什麼模糊了我們的身分？這位攝影師這麼問。一陣煙、一道水紋、一抹憂傷、焦慮，還是恐懼？我們在何種情況下會消失？讓我們廣為人知的條件是什麼？默默無聞呢，又需要什麼條件？這些照片中影像的消失性，隱喻了不為人所見或沒有身分的狀況有時也需要想像力，而走入大眾視線之中，同樣也需要想像力與精準度。索斯的自拍照證明了，在透明的時代，很多東西都會輕易被人遺忘。我們是誰與人前的我們不一定對等，但絕對跟沒有人看到時的我們相同。模糊不清或許是重新想像我們自己的合理方式。我們的存在，不僅攸關我們如何展現自己，也和如何隱藏我們自己有關。

或許在所有看不見的臉孔影像中，最強而有力的作品要屬美國藝術家凱利・詹姆斯・馬修（Kerry James Marshall）的畫作了。他以艾利生的《隱形人》為主題進行多幅創作，筆下人物的臉孔全消失在黑色的背景顏料中，但畫中人的眼睛卻繼續發光，微笑也依然閃亮。我們或許看不到畫中人，但畫中人卻具有發聲的能力，也看得到外界。這個畫中人既存在，也不存在；如果他恰巧完全隱入背景，畫中人眼睛所散發出來的亮白色彩，卻證明他透過**看見**這個行為確實存在。這個人物或許隱了形，卻仍擁有聲音與明亮的視力。馬修筆下的主體在同

6 原注：Katy Diamond Hamer, "Ed Atkins, Performance Capture: The Kitchen," *Eyes Towards the Dove*, April 27, 2016, http://eyes-towards-the-dove.com/2016/04/ed-atkins-performance-capture-kitchen/.

7 艾力克・索斯：一九六九年出生的美國攝影師。

一時間內，既缺席又存在，並且結合了無形感與耀眼的權威。

威廉・哈茲里特（William Hazlitt）[8]在他一八二一年的〈論活出一個人的自我〉（On Living to One's Self）一文中，曾寫到要當「一個沉默的觀眾，冷眼旁觀各種事物的大場面」，而非受人注意與關注的目標。他倡導大家培養了解人類事物的興趣，但不要引起他人的注意。赫茲里特說，如果一個人可以透過「蟄伏的窺口」（loop-holes of retreat）領略這個世界，那麼他就能夠：

在這個宇宙中看到足以引發興趣的事物，卻不必為了盡一切努力讓宇宙中的視線全集中在自己身上，而把自己推出去。那樣的努力終究只是徒勞！他可以閱讀雲彩、凝視星辰、觀四季的歸返，看秋天的落葉、嗅春天的芬芳；他可以因為鄰近灌木叢裡的一隻畫眉的歌聲而喜悅，可以坐在火邊、聆聽風的呼嘯，或詳讀一本書，也可以在談文論道中送走寒冷的時光，或在愉悅的思考中將小時化為分鐘。當這一切事物都占滿了他的時間，他就會忘卻自己。

關注周遭的一切，就是哈茲里特要說的話。浸淫在當下的世界裡。一旦如此，你就能跨過自己這個檻了。

不知道哈茲里特會對生物辨識科技有什麼看法？不知DeepFace的研究團隊會不會考慮聘請他當顧問？哈茲里特積極投入政治與社會活動，他也是一位哲學家、評論家，以及散文作家。然而，他不僅提倡深思熟慮與獨處，事實上，他還鼓吹「忘了自己」。佛洛伊德在一九〇〇年出版《夢的解析》後，這樣的健忘症就可能與時尚脫了勾，然而，如今這樣的訴求似乎又再回歸。歐洲高等法院於二〇一四年要求搜尋引擎在使用者的資料過期、不正確與無關時，必須給予使用者刪除自己資料的權利。

當代的身分認同政治希望對我們之所以成為我們的因素，進行深入評價。我們都希望他人精準而正確地認知與辨識出我們。我們都希望自己的形象是真實的。我們都希望語言能夠

8 威廉．哈茲里特：一七七八～一八三〇，英國論文家、戲劇與文學評論家、畫家、社論作者，以及哲學家。有人認為他是英語世界最重要的評論家與論文家之一，也是他那個時代最優秀的藝術評論家。

反映這一點，也要求正確使用具性別辨識度的代名詞。然而，在身分認同政治的領域中，有哪個字詞或句子是我們所不知道的？或許，若我們的批判性再強一些，最後的結論可能會是大家少思考一點身分認同的議題。一旦決定了你自己是誰，就把這件事放下。尋根之旅是塊生意大餅，而Ancestry.com與23andme.com網站提供了相當準確的種族傳統與基因起源描述。能夠判讀聲音、心跳、賀爾蒙濃度，到腦波等所有訊號的人臉辨識系統、虹膜掃瞄、生物辨識工具，則給了我們幾乎無限種新方法來認識自己。真希望也有那麼多的方法可以讓我們忘記自己。

大衛．鮑伊去世後，推特上流傳著一張他的照片。照片中的鮑伊穿著大口袋外露的寬鬆短褲、T恤，頭戴棒球帽，走在紐約市區的人行道上。當時除了攝影者，沒有其他人看到他。人們透過這位音樂家與文化偶像的事業，認識了他所扮演的無數角色——齊格．星塵（Ziggy Stardust）、瘦白公爵（Thin White Duke）、湯姆少校（Major Tom）、阿拉丁精神（Aladdin Sane）——但他同時也是隱形術的桂冠詩人，因為他能夠走過你的身邊，卻讓你毫無所知。沒人比鮑伊更了解創造身分時無限的創意可能，然而他也同樣極其重視消失這件事。

或許，消失的能力正是鮑伊迷最喜歡他的原因。在今天，消失是件很難做到的事。我猜，隱形這件事對我兒子來說，依然是個新鮮的把戲，儘管他們同時也會認為這是個老掉牙的東西，就像我祖母的蘆筍銀叉。我的兒子都已年近三十，他們沉迷社交網路的程度比以前低了許多。然而，就像他們其中一個對我說過的：「我可以刪除我的臉書頁面、我的Instagram貼圖或貼文、Snapchat，或所有的一切。但就技術層面來說，這些東西永遠都存在。總有人**可以**找到這些東西。就算這些東西真的不存在了，但在心理層面上，這些東西還是永遠都在。」我兒子可以脫離社群媒體，放棄網路銀行與谷歌郵件信箱，停用傳送使用者位置的電子設備，也能在網路上刻意張貼有關自己的錯誤資訊。但是這麼做仍然不夠。數位身分具永久性。歐盟為了讓使用者能夠掌控自己在網路上的個人資訊，於二〇一八年通過《一般資料保護規則》（General Data Protection Regulation），其中就納入了「刪除權」，但在美國，這類的隱私立法案件，至今一個都沒有通過。到目前為止，人們對這種規範究竟是基本人權還是言論自由箝制，尚未達到共識；這樣的規範究竟是提供了一種可行的數位刪除行為，還是違反了美國憲法第一修正案，也同樣眾說紛紜。因此，可以理解的是，「人間蒸發」（ghosting）已成為一個動詞、一件**已經完成**的事、憑空消失的行為，不論是主體突然離開了房間，或是粗暴地結束一段浪漫關係。主體脫離了視線範圍，成了幽靈，也許回家洗衣後就再也沒有出現。或許，數位身分的永存有其正當性，或最起碼解釋了，人們踏出了房間這個渴望的結局。

新科技「波紋」（Ripples）利用3D列印與噴墨列印，讓咖啡師在卡布奇諾咖啡的奶泡上複印出照片中的圖像。毫不令人意外的，行銷時所運用的圖像都是顧客的圖像。當然，坐在咖啡店裡，凝視著咖啡杯面，通常是自省的一刻。然而，當咖啡杯中是一張自己臉孔的噴墨圖像時，那就是從自我認知變成了極端的自我耽溺了。自戀總是戴上特有的當代偽裝，出現在每一種文化與每一個世代中。但是咖啡杯中的噴墨圖像，是否足以證明我們有能力在任何事物上打上自己的印記？我們有能力在任何時間、任何地點，看到自己的倒影嗎？抑或這代表著我們的身分可能會像拿鐵的奶泡一樣，輕易地溶解？而我們是誰這個問題，其實也不過是件轉瞬即逝的事？

我又看了一眼那張高中畢業照。我可以想像DeepFace的辨識科技必定具備足夠的演算能力，能夠像計算人臉的輪廓一般，精準地將時間因素也納入演算之中，然後將我放入那張照片中，並呈現出畢業典禮那天早上我可能有的少女面孔。DeepFace的辨識技術應該能夠捕捉住相片中缺席的那個女孩的年紀、姿態、表情，以及拍照當天的光照情況，也能準確地量測出她當時的臉部特徵，不論她那時是在微笑、皺眉，或只是失神地望向遠方。我很好奇過去的自己會是什麼模樣，我也很想再見見那個女孩，知道她的特色。

不過，我也很高興那個女孩已是過去式了。我依然記得多年前早上的那個我，覺得與過去切割、**逃到那張照片之外**，是多麼重要。我當時才剛開始明白，**不在場**可以是一種多麼怪異的重新肯定，也正開始了解缺席的力量。或許，我只不過在玩著青少年版的捉迷藏遊戲。我那時就知道消失是一種特權，而消失的能力，是一份禮物。至於這兩者，不久前我正好從聖公會教會牧師詹姆斯・伯恩（James Burns）那兒得到不錯的建議。他的建議，就和我所聽過的一份隱身請願書一樣強而有力：「首先，學會愛自己。然後忘了愛自己這回事，學著去愛這個世界。」

第七章

在這個世界上，善的成長有部分仰賴不具歷史重要性的行動；而某些事之所以對你我不具原本應有的殺傷力，有一半需歸功於那些堅持過著隱密人生，以及長眠於無人造訪之墓的人。

——喬治．艾略特（George Eliot）[1]

「匿名提案
The Anonymity Proposal」

1 喬治．艾略特：一八一九～一八八〇，英國小說家、詩人、譯者，也是英國維多利亞時期重要作家。她的作品包括小說《織工馬南傳》（*Silas Marner*）、劇本《塵世情緣——吉爾菲先生的情史》（*Mr. Gilfill's Love Story*）等。

大體來說，我相當珍惜自己在紐約哈德遜河谷的鄉間生活，也知道自己對於我是誰這個問題的理解，有部分來自這片溫和的景色——刺槐叢的樹景就在窗外，馬路對面的溼地裡，一到仲夏就長滿香蒲與紫色馬鞭草，而天空下，是遠處山稜蜿蜒的曲線。但是一部分的我依然清楚，展開每一天的最佳地點，莫過於曼哈頓中城的中央車站。在那些隨著尖峰時段的人潮在車站大廳內四處穿流的早晨中，我面對的是一種完全失去自我的陌生舒適感。

頭上一百一十英尺高的拱型圓頂，繪製著各種星座。裹著金箔的星星與天空的顏色，據說仿自地中海南部地區十月到三月的天空。但這幅遙遠的天體景象，完全無法比擬其下四百五十英尺長的車站大廳所呈現出的諧調氛圍；每天大約有七十五萬人穿梭其中，並成功保有自己的動力與方向感。中央車站裡沒有單一的方向，也沒有集體的大腦或超生物，卻呈現出令人驚嘆的社會一致性（social congeniality）。

即便是隨著通勤人潮穿越寬闊的大理石通道與地下道，我卻幾乎不會與任何人發生擦撞。相反的，大家全踏著即興的舞步轉彎或改向，所有人都與身邊的人同步加快腳步，或放緩速度。我相當肯定，日常的通勤者會在每一個早晨持續體驗這種景況、持續身為這個秩序井然的群眾的一分子，並繼續不斷地被提醒我們的社會凝聚傾向。每天離開中央車站後，不論會經歷什麼樣的障礙或衝突，在這短暫的早晨時光中，我們完全能夠與眾人一同走過這個世界。其實，我們在萬事萬物中的位置，一直都在改變。

紐約中央車站於一九一三年竣工，是因應當時快速成長的都市人口，以及採納新興工業化交通系統[2]的重疊結果。這個車站針對如何容納人群提出了饒富遠見的策略；在當時，群眾通常被視為混亂、具威脅性且難以管理。群眾自發性合作的能力還有待研究，但上方頂著彩繪蔚藍天堂的車站大廳，特別呈現出其為新興大都會的雄偉室內公共廣場的形象，而這個公民空間的設計，不僅是為了容納龐大的人潮，也是為了慶賀人們能維持即興的秩序。

動人的群眾，是幾年前《大西洋月刊》（*Atlantic Monthly*）刊出的一個概念，這個概念乃出自傑拉德・史丹利・李（Gerald Stanley Lee）[3]的文章〈讓群眾變得美麗〉（Making the Crowd Beautiful）。李透過一首他稱為群眾教化的讚美詩，向人類集體行為的潛力致敬，他認為人類可以透過各種藝術，達成最大的一致性。他讚美現代的交響樂為「聲音的共和國、眾

2 原注：Anthony Raynsford, "Swarm of the Metropolis: Passenger Circulation at Grand Central Terminal and the ideology of the Crowd Aesthetic," *Journal of Architectural Education* 50, no. 1 (September 1996), 11.

3 傑拉德・史丹利・李：一八六二～一九四四，美國公理堂教會牧師，反對美國參與一次大戰，著有宗教、現代文化與體適能方面的作品，也創辦過多本雜誌。

人一心的隱形精神」。在他眼裡，一條包含許多鋼構建築的都市街區是「一大群人集眾力的傑作」，而留聲機則是「賦予一個人千種聲音的發明；讓此人能在同一時間為千人唱千首歌曲」。至於布魯克林大橋，因為「它將數百萬人聚集在一起」，而成了現代創造力的象徵。

李在撰寫他對群眾的頌詞時，世界人口約十五億。一百二十年後，當世界人口暴增至近六十億，群眾行為已成了一門科學。群體智慧（swarm intelligence）研究螞蟻、椋鳥、遷徙的魚類，以及理所當然包含在內的人類群體行為。物理學、行為科學與工程學，都在研究群眾和我們的社會合作本能。影音科技與電腦模擬，可以讓我們追蹤與記錄群眾自我組織的動態與易變的活動。未經指揮的群眾也可以井然有序，儘管不如李的文章那般具史詩性，但從彙整這類行為的量化資料顯示，自發性的秩序確實可以經過設計與安排。身處群眾中的我們，會融入密集的人群當中、選擇與身邊的人相同的方向，而藉由盡可能有效率地抵達目的地，我們也會和燕子、鮭魚與螞蟻一樣，本能地奉行相同的運動定律。這是一種簡單的迴避、校準與吸引的公式；換言之，亦即對人我距離的敏感度、避開他人、與他人形成隊伍，並以近似的速度移動[4]的公式。

與他人對齊並形成隊伍的行為，兼具情感與物理的延續性。麥可・拉克伍德（Michael Lockwood）是博普樂思建築事務所（Populous）建築師，而博普樂思是規劃運動場、體育館、公共建築，以及會議中心這類必須安置大批人群的大型空間建築事務所。拉克伍德對我說，中央車站做對了。秩序與動量讓人群感到安心。

> 數千或數萬人要去他們需要去的地方，是一件相當原始的事。個人的生活可能非常辛苦。當我們聚集起來，便能有所進步。在集體中有一種安全感、一種群體的效益。群體組成後，我們可以成就更多。你看到的一切，都是千千萬萬人共同努力的成果。在我們生活的世界裡，我們承續了一種天生的依屬感。[5]

拉克伍德很熟悉群體中的人們願意將個人差異先置於一旁的作法，他以看球賽的人性化效應舉例。

---

4 原注：Alexandra Horowitz, *On Looking: Eleven Walks with Expert Eyes* (New York: Scribner, 2013), 146.

5 原注：引述自拉克伍德於二〇一六年五月二十三日與作者的電話對話。

對於盡力做到最好的人，我們都有一定程度的尊重與欣賞。當你處於某個大事件時，如果這個事件與你有關，這樣的魔力就被拋開了。因為成為集體的一部分是很令人安心的事。人們之所以願意默默無名，是因為大家期待其他所有人都願意這麼做。因為這樣的經驗是眾人共有的經驗。你的安心——或焦慮——都跟大家一樣。這就是為什麼你願意幫助他人找到他們的座位。在那個事件中的任何情感都是共有的。這是人類互助的原因。6

然而，這種相互的諧調性在其他領域也愈來愈常見。二〇一六年，某位記者揭發作家伊蓮娜・斐蘭德（Elena Ferrante）的真實身分時，她的忠實讀者令人訝異地表達了不滿。斐蘭德的讀者大多都認同她主張的「（她的）小說書名應該要比（她的）名字出名」，因為隨著媒體的無節制行為起舞的讀者並不多。除此之外，她的讀者還譴責記者不尊重斐蘭德選擇匿名的決定，正是這樣的決定賦予了作品力量。她的讀者願意協助她繼續隱姓埋名。這些讀者的支持，是作者與讀者間盟約的基礎。對許多人而言，斐蘭德隱密的身分是閱讀她的作品時不可或缺的一部分；作者與讀者維持著對彼此完全陌生的狀態，只共享那些想像出來的人物故事。斐蘭德的讀者所感受到的憤怒程度，很可能與她送給讀者的那份禮物遭到拒絕有關：也就是一份神祕感，一種在對自我行銷與曝光似乎有無盡貪婪胃口的文化中，暫時得以保有隱私的感受。

斐蘭德曾公開表示，她並未選擇不公開姓名——她會在自己的作品上簽名——她只是選擇缺席。她解釋，她的選擇，目的其實很傳統，因為媒體如果受到誤導，就會忽略文學作品本身的品質，屈就於知名作者的平庸之作。「對我來說，最重要的是保留一個彷彿有無限可能的創作空間，包括技術上的可能性，」她這麼說。「作者結構性的缺席，關係到我所希望繼續探索[7]的寫作方式。」

斐蘭德的匿名訴求之路並不孤單。我的朋友亞倫是建築師兼木工，家中的家具全是他親手製作。他的工作室中有台車床，他常常用它把虎楓木、胡桃木與白橡木的樹瘤製成沙拉碗。他製作過最大的碗，是個寬三英尺的大木盆，適合用來盛裝生菜沙拉招待造訪的巨人。但他大多數的碗都做成較小的尺寸，用來送給朋友。這些碗雅緻的弧線受到木紋扭曲與放大，有時還交雜著一層層以人工樹脂填補的率性裂紋與裂縫。這些巧奪天工的作品上，都沒

---

6 原注：引述自拉克伍德於二〇一六年五月二十三日與作者的電話對話。

7 原注：Elena Ferrante, "'Writing Has Always Been a Great Struggle for Me': Q. and A.: Elena Ferrante," interview by Rachel Donadio, *New York Times*, December 9, 2014.

有他的簽名。「只要想到朋友的家人使用這些碗，我就開心，」他曾這麼說，朋友們的孩子、孫子與曾孫，都不會知道這些碗的來處。他堅信不公開這些碗的出處會比較好。或許，聚在一起吃飯、進行例行的家常互動，日復一日、年復一年，歷經許多世代的時光，才是這個獨一無二的外來物所擁有的真正簽名。又或者，亞倫的手作印記已經含蓄地留存在木碗的每條木紋上了。不論如何，在現代的觀念裡，作者的身分、品牌與聲望這種事，都已經過時了。

日本陶藝家柳宗悅提倡民俗藝術匿名化。他在一九七二年的著作《不為人知的匠人》（*The Unknown Craftsman*）中提出，作品上沒有藝術家的簽名，正是賦予物體美感的條件之一。除了藝術品的使用、人手的印記、簡樸、低成本，以及地區傳統之外，匿名製作體現了讓焦點從製作者轉移到使用者身上的效果，而這麼做也為實質的人工製品注入了價值與意義。這樣的標準當然可以應用到所有木造、土製、紡織與金屬手工家用品上；所有那些具實用價值的盤子與湯匙；桌子、椅子、刀子、工具、絞鏈與被子等所有家居生活的試金石，都曾經過手工塑形、雕刻、鑄造與裁縫。製作這些用具的人，名字大多已被遺忘，但物品的完整檔案卻都保留了下來，帶著屬於它們的集體活力，跨越了數世紀的洪流。甚至正是因為缺少製作者的簽名，這些作品才確認了作品中的人性。

二〇一五年，Reddit網站的按鈕實驗暗喻了數位世界中的匿名，並非全都與犯罪與隱私問題有關。這項在由讀者負責產生新聞的網站上所舉行的社會測驗，與手工製品幾乎風馬牛不相及；網站設定了一分鐘的數位碼表，參與者可以按下按鈕重設碼表，不過每個人只能按一次。一百多萬名Reddit使用者，沒有特別的原因，全湧入參與這個遊戲。活動過了六十五天，碼表才毫無間斷地跑完設定的六十秒。人類不具特別目的——沒有認可、沒有財務收益、沒有明顯的後果或結果——的互動，顯示我們內在或許對群體有些嚮往，對團體合作有種天性上的支持。這樣的本性涉及到進化因素，以及某種與社群安全、保全相關的宗族本能，也代表在某種程度上，我們理解自己的部落本能可以成為我們的優勢。

從創立至今，匿名戒酒會（Alcoholics Anonymous）一直都將匿名當成避難所，但這樣的匿名卻需要受到責任感的約束。創辦人之一比爾·威爾森（Bill Wilson）稱這個自給自足型的團體為「良善的無政府」，為參與者提供了一個同情與同理心的架構、一個治療的架構。然而，這個組織對於身分認可，卻同時存在兩種似乎完全相反的推力，也就是「想要找到自己的身分認知，通常要先丟失自己的身分認知」這樣的矛盾。這個組織並不鼓勵大家使用姓氏，會員靠著自省來反思自己內在的動機、選擇與行動，以及那些標示個人身分的根本特質。「匿名本身帶著一種平等的特質，」我的詩人朋友麥可這麼說。「匿名的關鍵在於打開了一個認同他人的缺口。匿名的聲音有限又神祕。就像置身在詩歌研討會當中。」

「匿名者」（Anonymous）組織則完全是另外一回事。這是一個由編碼工程師、抗議示威者，以及戴著蓋．福克斯（Guy Fawkes）[8]面具的激進駭客所組成的聯盟，專門攻擊政治、宗教與娛樂等團體。這個組織譴責傳統組織中的階級制度，也抨擊為了集體而壓抑個人身分認知的行為，他們宣稱可能會採取更極端、更蠻橫，以及可能更有效的行動。

這兩個組織對於匿名一事有著迥然不同的看法，但兩者都展現了集體信仰的力量。這兩個組織都需要一種激進的想像力，都提及了個人的身分與行為可以重新定義，也都提供了方法，讓成員重新想像自我與自己在這個世界裡的位置。兩者都影響著社會變革，只不過一個是透過復元，一個則是藉由政治與社會的激進主義。兩者都認為即便無名也能擁有話語權。在這兩個組織中，匿名是一種架構，而在這個架構中，個人的身分認知無需被壓抑到必須重造的地步。這兩個組織都不只事關集體努力，更攸關一個更遠大的目標，而且為了這個目標，可以降低個人身分的假定價值。

匿名的影響力愈漸擴散。美國有些州現在允許樂透中獎者不公開姓名。樂透管理單位長久以來都認為，讓中獎者持續曝光有助於確保樂透活動的完整性與真實性，也能證明高額獎金確實存在，也確實分配給了中獎者。除此之外，中獎者的故事也讓大眾得以持續關注樂透，進而厚實州政府財庫。至於撲克牌大獎（Jackpot）得主，就比較不熱中讓大眾得知他們獲得意外之財的事。這些大獎得主的婚姻、離婚、度假計畫、抵押借款、幻想的成真與破滅、財富與財產拍賣，全都成了新聞，而且他們總是長年受到親屬與陌生人花言巧語的騷擾。為了解決這些問題，北卡羅萊納州立法機關於二〇一五年導入匿名方案，只揭露中獎者姓名一段時間，或甚至不揭露其財務狀況。

在一些較小的場域上，要求匿名的情形也愈來愈多見。我任教的大學裡，有一個匿名的詩人協會名符其實地把保密功夫做到家，以致我完全查不到任何一位作家或他們的詩作。二〇一五年春天，有一群在紐約時裝週中展出新裝的設計師堅持匿名，他們的理由是時尚界的品牌名稱模糊了設計焦點，也阻礙了創新。「匿名有一種很不錯的魅力，」其中一位設計師

8 蓋・福克斯：一五七〇～一六〇六年，英國人，曾參與西班牙與荷蘭的八十年戰爭，後因密謀暗殺詹姆斯一世的火藥密謀案失敗被捕，臨處死前跌落斷頭台身亡。著名的V怪客面具就是以他的樣子設計出來。

這麼對《紐約時報》說，「有一種真正的刺激。」

同年春天，紐約多布斯費里（Dobbs Ferry）一所大學預備學校邁斯特中學（Masters School）的戲劇系學生，以匿名為題進行了一個互動研究。在成果發表展上，五名全身包覆黑衣、戴上面具的角色先是在舞台上扭動，然後從地上爬起來、四處潛行，並且引導觀眾走出表演會場去觀看各種展現無名力量的小插畫。接著一名吉他手彈奏著即興的跟唱曲，將陌生人的聲音凝聚為和諧的合唱；一組陪審團考慮著刑事審判案件的事實；街上的路人目睹一名女子（可能）遭到攻擊的場景，並商量著應該採取何種行動。最後，表演者誦讀了一系列觀眾未具名的自白書，上面的描述從不誠實的小錯誤引起的事件，到憂鬱症導致的友誼破裂，到想自殺的念頭，什麼都有。

在最小限度的創作方向內，這群孩子的表演正視了匿名的力量與威脅。其中一位學生導演佛蘭切絲卡．拉帕斯塔（Francesca LaPasta）承認匿名的吸引力，她認為有時候，匿名就等於隱私。

千禧世代與社群媒體的連結實在太緊密，以致我感受到一股反撲，一種朝著持續匿名與試圖保有自己隱私方向前進的發展，因為感覺就像一直有人在告訴你你做不到。一旦把什麼放到網路上，你就永遠收不回來了。那個東西會永遠被保留在某個地方。我知道很多和我同年齡的人，都沒真正想過他們所有作為的意涵，也沒想過一旦把什麼傳到整個世界去，就真的沒有任何隱私可言了。

北卡羅萊納州伯德島（Bird Island）一處偏僻的沙丘上，「志同道合信箱」（Kindred Spirit Mailbox）也提供了不同的反撲。三十五年多以來，這個地方一直是觀光客留下各種觸及人類每一絲情感與經驗的信息之處；他們在此留下了情書、求婚誓言、自白、懇求、抒發悲傷的字條、申訴、禱詞、道歉信、告別信，以及對周邊景觀的印象。這個郵箱吸引人之處，應該跟它優雅地容納了匿名的概念，以及與放下我們的身分所帶來的撫慰有關（儘管效果短暫），而鄰近湧入海浪的無盡循環，也可能為這個郵箱增添了魅力。潮水永不止息的旋律，以及每天被風、水掃平的沙，都含蓄地在告訴你，下一個襲擊沿海的風暴，很可能就會把這個郵箱的整套運作系統打入海底。然而，這個郵箱依然擁有專屬的臉書頁面、成百上千的網路追隨者、YouTube影片，以及張貼在Pinterest上的幾十張照片。這個深深打動人心的匿名紀念碑，擁有自己的社群媒體形象，也代表我們對於不為人知、不為人見這件事，似乎有著鼇不清的複雜情感。

傳統上認為匿名是一件隱身斗篷，披上它的人會漠視道德標準，但這樣的想法已逐漸遭到揚棄。我們通常會假設當自己看不到他人的臉時，我們也看不到對方的人性；我們也會假設不露面的網路互動，造成了網路小白在網路上惡意發表激怒他人的言論，還有謊報惡作劇，以及透過數位交換進行的其他常見攻擊。就某種程度而言，這樣的認知確實有理。透過推特就能輕鬆傳送謾罵與性暴力的威脅；無需使用者名稱的社群網站Yik Yak剛開站時，很快就被用來當成網路霸凌與惡意網路小白的工具。網路留言板4chan的運作模式，也不需要帳號或使用者名稱，換言之，任何使用者都可以張貼任何東西，卻無需承擔任何後果。大眾普遍認為4chan代表匿名的醜惡面，因為它允許子論壇成為惡作劇與陰謀論的溫床，並製造假資訊、謠言、種族主義訊息、性別歧視、厭女主義、兒童性交易，以及幾乎毫無下限的仇恨言論。但這個網站也成了我們文化開放與曝光的指標，代表匿名不但與惡意與惡行有關，也與隱私與羞愧互相關聯。就連匿名戒酒會現在也面臨部分會員要求協會更公開透明的壓力。被問及匿名是否對成癮此種公共衛生危機有任何幫助時，作家蘇珊・奇佛（Susan Cheever）曾表示，匿名「有保護作用，但也提供了隱藏之所」，而且她也質疑，那些正經歷復元過程的酗酒者或許無法像某些美國同性戀者公開歌頌自己的身分[9]那樣，驕傲地向公眾揭露自己。

不過若說匿名即將絕跡還言之過早，因為在我們追求透明的文化中，匿名所帶來的慰藉可說前所未見地重要。二〇一五年時，一支數據科學家團隊在研究一百多萬名信用卡持卡人的交易行為時發現，只需利用諸如購買日期、消費金額、刷卡商家等少數行為線索，就能辨識出約九成的信用卡持卡人；就算科學家們並不知道消費者的名字、地址，或帳號，他們掌握的蛛絲馬跡卻已足以揭露持卡人的身分。因此，志同道合的信箱、木製的沙拉碗，以及按鈕遊戲，都只是一再確認了維持匿名對我們所有人都有一定的吸引力。融入較大的群體是人類的基本需求與渴望。我寧願相信匿名是「新潮流」，而這也是尾關露絲（Ruth Ozeki）在她最近的作品《時光的彼岸》（*A Tale for the Time Being*）中所提出的想法。尾關想像有隻能夠滲透搜尋引擎資料庫的數位蜘蛛，牠能消除網路世界最常記錄的個人資料、惡意影片、個人羞愧與受到羞辱的時刻。這隻名為「終結者無無」（Mu-Mu the Obliterator）的蜘蛛，吞噬

9 原注：Susan Cheever, "Is it Time to Take the Anonymous out of AA?," *The Fix*, April 7, 2011, https://www.thefix.com/content/breaking-rule-anonymity-aa.

了網路的身分資料。這隻虛構小蜘蛛的作者認為「這種新酷的標記，就是沒有人點擊你的名字。沒有人點擊就是你究竟有多麼不出名的標記，因為真正的自由來自不為人知。」這段文字讓我思考，也該是時候反轉安迪．沃荷對名聲的預言[10]了。或許我們現在應該想像的是，在未來每個人都可以匿名十五分鐘。

一九〇一年，史丹利．李寫下：「除非群眾本身就是美麗的，否則任何美麗的事物都不可能在群眾文明中成就，也不可能由群眾或為了群眾而成就。」一百年前，藝術家、建築師與設計師，以一種將優雅與秩序賦予看似無法控制且混亂的大眾的態度，找到了一種塑造都市經驗的方法。中央車站亮閃閃的通道、車站大廳的規模、高聳的空間，以及明淨的樓廳，都成功地在一般認為無法治理的人群當中，注入了禮儀。

最近一次穿過中央車站的大廳時，我發現自己必須緊急閃過一群自拍的青少年，這是一群跟在老師身後，正在進行校外教學的學生；另外一位快步走過的女子，也盯著自己的手機瞧。一群亞洲觀光客全神貫注地看著頭頂的黃道帶。有人佇足於資訊機前，等著火車、人，或時間過去，對他們而言，閒暇的感受來自對比其他地方的狂亂活力。我差點撞上一位西裝筆挺的生意人，他像是邀請我共舞般伸出了雙臂，只不過我們倆依然繼續大步向前。在一道月台閘門前，有個女子正和一個年輕人道別，我猜那應該是她兒子。看到淚流滿面的她，我想到這個偌大的公共空間不但包容了親密的時刻，也強化了這些親密的時刻；如果離開與抵達的本質，就是要傳輸人類的極端感情，那麼你絕對可以在周遭持續進行的生命中找到慰藉。

我們每個人都在躲避、校準、吸引他人。我們隨著人流移動。我們全都只是投入了人類組織中互相包容的基本精神。在中央車站的通道中，這種互相包容垂手可得。這個世界有七十五億人口，美麗群眾的概念，必定有了新的意義。或許我們會找到方法，在虛擬的場所中建構出同樣堂皇的大理石通道、高聳的天花板，以及雄偉的廊柱。建築與思考所涉及的面向不同，我們必須願意相信群眾確實是一個能找到自己，而非失去自己的地方。

10 安迪・沃荷曾說：「在未來，每個人都可以成名十五分鐘。」

第八章

身體成了隱身的便利渠道。

——芬妮・豪威（Fanny Howe）[1]

「重讀《達洛維夫人》
Rereading Mrs. Dalloway」

1 芬妮・豪威：一九四〇年出生的美國詩人、小說家與短篇故事作家，曾獲露絲・莉莉詩作獎（Ruth Lilly Poetry Prize），也曾擔任格里芬詩作獎（Griffin Poetry Prize）評審。

不久前，我收到朋友克莉斯汀娜的電子郵件。已六十多歲的她是位舞者與編舞家，在大部分的職涯生活中，她都習慣在牆面有鏡子的房間中移動。不過她現在搬去西班牙南部的鄰海村子，她在那兒一個人都不認識，也沒人認識她。她的西班牙文並不流利，她告訴我：

我沒有身分，也沒有要扮演的角色。而且我犯了好多錯誤，小小的社交錯誤、發音的錯誤。當地人對我視而不見，就好像他們正在說「你沒擋到我的路」。我感覺自己像空氣。我並不覺得自己不受歡迎。他們只是沒看到我。這就是我來到這兒的一大原因，這裡像一塊空白的畫布，一幅我可以開始創作的新畫作。再說，我真的相信，如果我們有需要被人注意的理由，我們就會受到注意。

我很熟悉克莉斯汀娜所說，像空氣一樣移動的那種感覺。隱身的女人雖然沒有形體，卻能輕易地讓人認出來，而且輕易的程度令人驚訝，這樣的情況反映出女人與她們的社會地位不斷地在演進。在十九世紀幻術師與魔術師的表演中，若台上的女子有能力在連結物質世界與靈魂世界之間的路徑中穿梭，表演的收費較高。表演者本身的能力左右了這種特技的高下，讓觀眾看不到台上的女子抑或讓她們消失，所造成的效果是有所不同的——女子可能消失在一塊布、一條毯子，或各種床單下，當然，也可能在車廂、盒子、衣櫥內，或一道暗門下。另一種方式是讓台上的女人飄浮在空中，然後幻術師與魔術師手一揮，女人的身體就縮小了。到了二十世紀初，隨著女子參與公共領域的機會愈來愈多，魔術師毫無理由、邏輯，與不顧後果地讓女人消失的手法也愈來愈具創意。他們讓女子坐在椅子上，在她身上蓋一條毯子；當魔術師拉開毯子，女子消失了，然後消失的女子會重新出現在觀眾席的座位上[2]。

希區考克一九三八年的電影《貴婦失蹤記》（*The Lady Vanishes*），劇情描述一位年輕女子因為火車上一位年紀較長的和善女子突然消失而惶恐不安。這名年長的女性是位單身的家庭女教師，也是位音樂老師。觀眾看到失蹤女子在水珠凝結的窗玻璃上寫下自己的姓名，但她的名字幾乎立刻蒸發。幾分鐘後，她就消失了。這時，其他的乘客、服務員和車掌都宣稱從未見過這位女教師。她不僅消失了，甚至從未存在過。女主角被問及這位女教師的外貌時，只說對方「中年，年紀稍長」，然後就承認「其他的我都不記得了」。在後來的劇情發展中，這位年長的女子被貶抑為「一個幻覺、一個主觀印象、一個潛意識還記得的小說角

2 原注：*The Dangerous Allure of the Unseen* (Chicago: University of Chicago Press, 2015), 195.

色」，甚至「只不過是一坨肉塊」，直到後來她以英國間諜的身分現身，並在最後一幕成為這部電影最終的女主角。

今天，女人以各種偽裝造型現身——或消失。在攝影師派蒂．卡洛（Patty Carroll）名為《無名女子》（*Anonymous Women*）的系列照中，女人消失在各種家居用品與傳統——室內裝潢布料、窗簾、電話、培根條、萵苣葉、一條辮子麵包、壁紙、枕頭、盤子——之中，有如巨蟒的家庭生活將女人全部吞噬。惠特妮．奧圖（Whitney Otto）[3]的小說《現在你看到她了》（*Now You See Her*）中，正在消失的女子在一間辦公室裡工作，人雖然在那兒，但所有人都對她視而不見。同事、男人、年輕女子來來去去，在她的辦公桌上留下字條，借用她的文具。「我當然看到你了，不過有看沒有到，」其中一人對她這麼說。她被自己的貓絆倒時，她的貓也無動於衷，後來她把手放在自己的額頭上時，「才發現她的手從手指到前臂，正隨著動作在消失。」這名女子認為自己正「無聲無息地變得蒼白，一如在太陽下擺了過久的明亮畫作或鮮豔地毯」。莎莉．菲爾德（Sally Field）在近期的一部電影《你好，我叫陶樂絲》（*Hello, My Name Is Doris*）中，飾演一個愛上同辦公室裡年紀較輕的男子的角色；故事一開始，對方幫她調整歪掉的眼鏡。一如某位影評人所寫，這個年輕人自發的善心之舉具有改變的力量：顯然，皺紋也是可以被改變的項目，「能夠讓女人一次少掉一條皺紋」。而當這個年輕人短暫注意到她時，這樣的注目顯然「讓她變得可見，而且最重要的是對她而言[4]。」

　眾人視而不見的女子，可能是個四十歲後就沒有角色上門的女演員、連個面試機會都沒有的五十歲女人，或者是發現丈夫過世後，邀她吃晚飯的帖子愈來愈少的寡婦。也或許是一名年紀稍長，在餐廳中遭服務生漠視的女顧客，在她坐下後，連杯水都喝不到，或在她準備離開時，等不到帳單。又或許是個在店裡購物時，收銀員可能稱她「甜心」的女人。這種隱形女人是發現自己不再是異性注目的焦點、青春褪色、生孩子已是上輩子的事，以及社會價值每況愈下的女人。作家伊黎．華德曼（Ayelet Waldman）在一次訪問中，提到她在即將過五十歲生日時，期待能夠消失，「我的個性愛熱鬧又大而化之，我有相當程度的專業能力，以前在專業上，大家都很把我當回事。然後突然間，我好像就從房間裡消失了。我必須吼得更大聲，才能讓人家看到我……我只想走上街，讓人知道我的存在。」

　她的這些話讓人聯想到將近一百年前，另一個走在街上卻無人看見的女人。六月某個早

3 惠特妮．奧圖：一九五五年出生的美國小說家。

4 原注：Manohla Dargis, "Review: 'Hello, My Name Is Doris' about an Older Woman's Love for a Much Younger Man," *New York Times*, March 10, 2016.

晨，當克萊麗莎・達洛維（Clarissa Dalloway）在倫敦買花時，吳爾芙正思索著她筆下主角稍縱即逝的身分。達洛維夫人也像空氣一樣移動，思考著自己在所認識的人當中，占據了何種位置，她發現，「常常感覺到自己所背負的這副身軀（她駐足欣賞一幅荷蘭畫作），這副具備所有功能的身軀，似乎變成了一片虛無——什麼都沒有的虛無。她有種自己已然隱身、不為人所見、不為人所知的極怪異感受。」她想起大家如今只透過她丈夫的姓氏認識她，然後幾段文字後，她又想到有時人們只藉由手套與鞋子來辨認她們。她心想，自己什麼都不知道，沒有語言知識、歷史知識，除了傳記，幾乎不讀其他的書。她那時才領略到，「認人的本能是她唯一的天分。」

達洛維有著一種忽隱忽現的存在感。儘管仍不明顯，但她進出人們的視線，正反映了當時女子在公眾生活與公眾場合中慢慢成形的角色。吳爾芙亦步亦趨地循著她筆下主角的腳步，跟著她在路邊駐足、隔著窗子探看店裡的商品，還要跟上她突然加快的步伐，與獵人檢查雪地中野生動物的足跡並無二致。

吳爾芙似乎是想說，一個人的身分是短暫的，或許隨著年齡的增長更是如此。女人變老時，會擁有更多決定是什麼時候、以何種方式讓別人看見自己的選擇。這種消失可能發生得更快，或讓她們更強烈地感受到。數十年後，作家法蘭辛・杜・普萊西克斯・葛雷（Francine du Plessix Gray）在她的文章〈第三年齡〉（The Third Age）中，將達洛維所感覺到的稍縱即逝的自我，做了更清楚的闡述。葛雷認為，如果別人的注視不再，那麼當事人可以選擇「改以深深凝視自我的內心、強化我們對他人的觀察，或發展出吸引目光的另類作法，超越性別的吸引，並如我年輕時的導師所教導我的，深化存在、權威與話語權[5]的表現。」

葛雷或許在探討主、客體之間的差異。指出在我們的文化中，男人習慣性物化女性，早已是老掉牙的陳腔濫調，然而一如心理學家卡波所說，如果女人是這種物化過程中的共犯，換言之，女人也視**自己**為物體，那麼她不得不會強烈地感受到自己這個物體失去了可取之處。「身為人類，我們都需要他人的認可，」卡波補充說明，「但是當我們漸漸老去，我們尋求認可的類別也可能產生改變。所謂主體，是指一個能夠體驗自己所主宰的一切的個體，這個個體可以意識到自己的能力與作為，會對他人以及自己的行為態度產生影響，總而言之，這個個體是自己生命的作者，也意識到這種狀況所需承擔的責任義務。」一個未完整發展出內在的女人，可能會繼續物化她自己[6]。

[5] 原注：Francine du Plessix Gray, "The Third Age," *The New Yorker*, February 26, 1996, 188.

達洛維顯然是個主體。她理解到自己的身體不過是自己所背負的一種東西，然後隔了一句話後，她又發現自己的身體真的變成了虛無，什麼都沒有的虛無。吳爾芙在一個獨立的段落中，指出認人的本能與隱身之間的關聯，而且自她一九二〇年代中期出版《達洛維夫人》以來，更多有關人類天性的乏味研究，也都得出了類似的結論。自身能見度的降低不見得會限制一個人的閱歷。懷著更大的同理心和惻隱心，隱身可以引導我們以更人性化的角度看待這個更廣大的世界。事實上，自身能見度的降低，可以支撐並豐富我們的人生，而非為我們的人生設限。矛盾的是，以無人所知的身分出現，可以幫助我們認知到自己在更大的萬事萬物計畫中，處於什麼樣的位置。

心理學家安娜．吉諾特（Ana Guinote）及其研究團隊最近在《美國國家科學院院刊》（*Proceedings of the National Academy of Sciences*）發表的一系列研究報告中指出，我們無私與利他的行為，常常取決於社會地位（聲望與名譽），而非我們的背景或個人性格。「即使人類是最無私的物種，利社會取向的差異仍極為普遍，而且這樣的差異存在於教育、性別角色、生物學與財力資源等條件不同的社會群體之中，」這份研究報告在提出這樣的論點後，做出以下結論：被視為社會地位較低的人，要比社會地位或受認可程度較高的人，更容易接受平等主義。較弱勢的社會群體——不論是少數民族、女性，還是低社經地位者——都更容易產生更深刻的平等感與同理心。

在這項報告的其中一項研究中，受試者被授予該單位裡不同的工作位階。研究人員安排了以下情境：有一盒二十枝的筆似乎意外掉到了地上。被隨意指派較低位階的受試者立刻就幫忙撿筆，但那些被授予更高位階的受試者卻不動如山。另外一項有關一群藝術系大學生的研究中，研究團隊先是獨斷地依照他們就讀學校的聲望授予不同位階的職位，然後詢問這些學生的人生目標。那些以為自己的學校地位高人一等的學生，談的是權力與聲望——但那些相信自己學校地位低下的學生，談的則是幫助他人、參與公眾服務，或者為增進社會福祉而努力。研究人員發現，就連孩子們所表現的利他主義，也反映出了社會階級。研究團隊在好幾對學齡前的兒童面前，擺出一個昂貴玩具和一個不值錢的玩具，然後請小朋友選擇。選擇昂貴玩具的孩子支配性較強。接著將小朋友重新分組，相同地位的孩子被分成一組，同樣競

6 原注：引述自卡波二〇一六年四月一日與作者於紐約市的對話。

爭較昂貴的玩具。這次形成了新的階級制度。下一步，研究團隊發貼紙給每個小朋友，然後問他們願不願意把貼紙分給沒有任何貼紙的小朋友。地位低的孩子反而更大方。研究結果認為，低社經地位的人更願意參與社會，並與社會有所連結，而且更能理解他人的情緒狀態[7]。女人要比男人更容易產生連結，也認可更多的慈善價值。

「產生更多連結」或許是個無趣的表述，卻與一百年前達洛維的經驗相去不遠，當時她發現人們看不到自己，不是因為她遭到他人漠視或拒絕，而是因為自己直覺地存在，並且完全融入周遭世界。「產生更多連結」或許正是達洛維坐在梳妝台前所想的，她注視著鏡子裡屬於她的那張臉，她看到：

一個女人坐在客廳裡決定宴客地點，這個宴會顯然是某些生活枯燥之人的一個亮點，或許還是寂寞之人可造訪的避難所；她曾幫過年輕人，他們對她滿懷感激；她試著保持不變，永遠不讓自己瑕疵、嫉妒、虛榮、多疑……的其他面向顯露出來——

這是吳爾芙不斷探討的主題，就像幾頁後達洛維又想到了「自己在那些從未說過話的人面前所展現的怪異親和力，不論對象是街上的某個女子，還是櫃台後——甚至樹或穀倉後——的某個男人。」

達洛維不被看見的狀態閃爍著一種光芒。她全然並非社會地位低下之人：她身上那套閃閃發光的綠色禮服是以絲綢製成，而在她倫敦的晚宴裡，桌上擺著銀燭台與玫瑰花。然而，身為一名已過了生育年齡的已婚婦女，她的地位已經下降。除了年長女性所熟悉的隱身感之外，她還認知到我們觸動他人生命的作為，也能用來衡量自己的人生；如何與完全的陌生人產生人類情誼，進而成為具恆久價值與真實力量的牽絆，都是與她十分合拍的觀念。

達洛維知道自己「在萬事萬物的起起落落中」存活了下來。愈漸模糊、朦朧，且可能不可知的她，意識到自己正「像團迷霧般，攤在她最熟悉的人們之間」。她知道我們都是生命短暫的，不會永遠被他人看見，然而正是這種消散性，才讓生命顯得真實。若能為達洛維畫張肖像，那麼畫作的風格應該會採用索斯的「非自拍照」系列中的某張作品，譬如當她帶著蘋果手機走在龐德街上，記錄著自己在萬事萬物中的位置時，倫敦的一小陣霧突然遮蔽了她的臉。

7 原注：Ana Guinote, Ioanna Cotzia, Sanpreet Sandhu, and Pramila Siwa, "Social Status Modulates Prosocial Behavior and Egalitarianism in Preschool Children and Adults," *PNAS* 112, no. 3 (January 20, 2015), 731–736.

現代版的達洛維應該會是X戰警（*X-Men*）系列中珍妮佛・勞倫斯（Jennifer Lawrence）飾演的那位會變形的變種人，而她也具有類似的怪異親和力。除了藍色的身體外，她並沒有肉體的自我，相反地，她可以變形成他人的形體，包括殺手、德國特務、教授、年輕女孩、議員妻子、時裝模特兒，以及美國國防部職員。她的能力就在於她未明確限定的外型；這也是她能夠以其他人的身分出現的原因。只要稍加結合情感想像力與沒有沉重意義的生命，這些女性就能完整想像其他人的生活，有時甚至可以棲居在其中一人的生命中，也許是一個時裝模特兒，也許是櫃台後的一名男子。

六〇年代以藝名「薇如秋卡」（Veruschka）走紅的知名模特兒薇拉・雷恩朵夫（Vera Lehndorff），或許可以看成是達洛維的另一個現代翻版。在即將結束自己的事業之際，她與德國藝術家赫格・楚茲克（Holger Trülzsch）合作，在身體畫上融入各種背景的圖案、顏色與紋路。雷恩朵夫接著依照各種偽裝的安排擺出姿勢，以便讓自己和身邊的物體與環境融為一體。這些影像自成一格，並散發出怪異的親和力。她不在伸展台上，而是消失在一間廢棄工廠的鏽管中、一面褪色的石灰牆裡、一塊歷經風霜的灰色木門板中、覆滿綠苔的大地裡，或一座有窗的穀倉裡。在其中一張照片裡，我們只看到她那顆畫上顏色的頭，就像她身邊那些經過長年沖刷而滿是坑洞的白色石子。不論她是在空著的倉庫、老舊的穀倉，還是只有枯枝的森林裡拍照，她的影像都傳遞著一種腐蝕與朽敗的訊息，將老化與耗損做了戲劇化的呈現，不論是地方，還是身在該處的人。

照片旁的文字敘述中，雷恩朵夫提到憶及童年時，因為理解到「自己和他人之間永遠無法跨越的距離」而不開心。「我以前就很想跟我覺得美麗的東西合而為一，」她還想起了曾經希望變成一棵樹，或一池亮光的徒勞努力。數十年後，藉由一系列分類為「擬態—服裝—藝術」、「符號與動物」，「自然」的照片，她似乎接續了過去的努力。她寫道：

> 當我開始在自己身上作畫時，顏色和我變成了一體：兩者沒有「之間」。我的作品現在與我的信念完全一致，而我的信念就是事物之間，也就是物體與創作的照片之間，必定存在著連貫性……我們與周遭世界間這種連貫一致的體驗就是一種幸福；這讓我們在與任何事物接觸[8]時，都會感受到一股親近感。

8 原注：Vera Lehndorff and Holger Trülzsch, *Veruschka: Trans- Figurations* (Boston: Little, Brown, 1986), 145.

雷恩朵夫要呈現的是一種女性美的概念，它無關戲劇化的姿態，卻與同化、融合與順應有著密不可分的關係；換言之，她就是要成為景色的一部分。

蘇珊・桑塔格（Susan Sontag）[9]在這本攝影集的序中如此寫道：「是想將自己化入這個世界的渴望；是想將世界微縮成物質的渴望……想要成為不變；想要變成非物質，變成一縷魂魄……」我一面讀著這些文字，一面重溫攝影集中的照片。雷恩朵夫就在那兒，躺在灰沙上、縮入暗色的門口，抑或倚著一道白色的牆。最後，她肩膀以下的身軀全以點畫技法畫上白點，但她的頭為了配合身後的天空，似乎被染成了亮麗的天青色。這個圖像表現出女性身軀從物體轉為氣體、從物質變成非物質，以及從物幻化成無物的過程。這樣的偽裝與閃避掠食者、逃離危險、尋找食物，或配偶都無關，只與尋找一致性息息相關！

我重讀克莉斯汀娜的電子郵件，信裡的內容呼應著另一個朋友曾對我說過的話：「我發現在乎我的人都看得見我。」克莉斯汀娜在信中寫著她和先生、女兒安定下來的過程，最後在信的結尾寫道：

今天我突然領悟到，我所感覺到的隱形其實也很有用，就像停止在舞蹈練習室裡擺放鏡子那樣有用。不需要再面對不斷回到眼前的倒影，相反地，你外在的自我可能會從視線中消失。我看著外面那片沒有盡頭的大海，因為所有的海水都連接在一起，所以也會在裡頭看到你。

她同樣也和存在於潮起潮落的萬物有了一致性。在西班牙隔著窗子看著港灣的她，或許也一樣有更親近的感覺。

不論是達洛維夫人瞥見的那道霧、一副正努力融入亮麗藍天的女子身軀，抑或是望著大海的退休舞者，都訴說著一種經過修正的隱身規範。隱晦不清本身就能當作一種連結的細胞。就算我們留下某個印記，那也不過是一種快速、短暫又無法捉摸的痕跡，充其量，不過

9 蘇珊・桑塔格：一九三三～二〇〇四，美國小說家、哲學家、文學批評家、符號學家、電影導演、劇作家與製片，與西蒙・波娃（Simone de Beauvoir）、漢娜・鄂蘭（Hannah Arendt）並列二十世紀最重要的女性知識分子，且有「美國最聰明的女人」的封號。她的《論攝影》（*On Photography*）獲美國國家書評人協會獎，為攝影理論經典作品。

是個短命的商標或徽章。把身分想像成是一組寫在高速駛離的火車上起霧玻璃上的字母，對我們任何人而言，或許並不是最糟的事。

第九章

心靈是一個劇場，數種感知力接連粉墨登場；在姿態與情節的無盡變化中，來來去去、悄然離開、交雜揉合。這個劇場裡，也許從未存在簡單，也未曾有過身分……

——大衛・休謨（David Hume）[1]

「消失的自我 The Vanishing Self」

[1] 大衛・休謨：一七一一～一七七六，蘇格蘭哲學家與歷史學家。

母親在過完六十歲生日後的某個夏日早晨起床後，失去了寫字的能力。她可以整理自己的想法，也能握筆，卻無法操作筆寫字。她以為是手臂扭傷或肌肉痙攣，直到第二天她的醫生送她去做電腦斷層掃瞄，才明白病因是她的左額葉長了一顆萊姆大小的多形性膠質母細胞瘤。這是一種惡性腦瘤，形成原因至今無解，但會削弱人的溝通能力。額葉是大腦的語言形成中心，也是專注力、判斷力與情緒特質的集中處理之所。

後來進行的外科手術只能算部分成功，接下來還有化療與放射性治療。我當時雖然住在舊金山，但那段期間經常回東海岸探望父母。母親第一年罹病的後期，我們理解到隨著腫瘤不斷增長，母親的憂鬱症也愈漸嚴重。母親對食物失去了興趣，那是腫瘤造成的影響之一。有天下午，我求她吃口三明治。「拜託，」我和她一起坐在餐桌上時這麼央求她，「只要試一小口就好。」她卻厲聲回應我的請求。「如果妳要繼續這個樣子，妳可以回加州了。」我的眼睛刺痛，整個人楞在當場。她從來沒用這種態度說過話。她的慈愛全消失了。母親一直都是個很清楚自己身分的女人。她曾就讀本寧頓學院（Bennington College）、當過《黨派評論》（*Partisan Review*）期刊編輯、結過兩次婚、擁有創新思維，也是個寬厚的母親。現在的她卻為了一小塊麵包對我咆哮。

誰也說不清這種憤怒來自何處。當然，這可能是她對愈漸明顯的語言障礙與伴隨而至的無助感所做出的反應，兩者都是她在面對死亡時所受到的煎熬。然而，她的憤怒也可能單純是腫瘤本身造成。額葉也是處理各種情緒的中心，而通常這類腫瘤所引起的言語障礙症，除了會帶來言辭混亂與說不出事物名稱的困擾，也會造成情緒上的影響，像是感到孤立、寂寞、挫折與憤怒。我們認識的那個女人消失了，不僅從她的家庭中消失了，也從她自己消失了。細胞的重組正嚴重破壞她的大腦、她的情緒，而她內心的平靜與同理心似乎也在攻擊她的身分認知。我們都不認識她了。那段時間，我常會說她「不再是她自己」，因為我們在論及各種神經方面的折磨時，通常都會說出這樣的評語。人們常用「不再是他們自己」一詞，來形容為憂鬱症、失智症、自閉症、人格障礙、中風，或各種其他形式的精神錯亂所苦的病人。但是回想當時的情況，以及當時我腦子裡所想到的字詞，我現在理解到，自己在說那句話時是多麼無知。

如今，我們已更加清楚大腦與神經系統可以執行廣泛的消失行為，也知道一長串的身體損害與障礙會輕易地讓我們以為自己，或至少部分的自己，已消失不見，也明白我們有無數的方式避開身邊的人，即使不是徹底的自我孤立，也是隨機的一點點退離。當我想到母親的病，隱形自我的概念就完全失去了吸引力。我著迷於隱身，以及無需過於嚴肅看待身分的好處，刻意漠視了一件極為明顯之事，那就是非自願性、強制、被施加的消失，是發自內在且真實的，而且這類的消失，通常會帶來令人虛弱與被擊碎的失落感。

消失似乎並不會理所當然地走向我們。即使石頭玉、竹節蟲、蛾所表現的低調優雅幾乎不可能發生在我們身上，在抹煞身分認知的不同部分時，我們的大腦也自有一套巧妙策略。加州大學聖塔芭芭拉分校心理與腦科學教授史考特．葛萊夫頓（Scott Grafton）為我介紹了一些這類策略，我漸漸理解到，我們愈了解定義身分的大腦功能與能力，就能透過愈多方式了解這種身分認知如何被拆解。一般而言，多數人都以為身心是共同合作——若非是透過一種一致的程序，那麼就是以某種隨興且毫無條理的關係合作——讓我們成為我們。但這種合作關係卻很容易中斷。我們以為自己都有個以單一實體存在的自我，但這個自我其實更像是基因特徵、習得的行為、習慣與反應的偶然隨機組合。「不論在行為神經學抑或認知神經科學領域，」葛萊夫頓在電子郵件中說，「我們都已經到了把『自我』與自我的認知，視為是混雜著程序、大腦模組與特定演化辦法的東西的地步。當我們以單數談論我們的自我時，這個單數其實就只是個假象。」

因此，隱身也可能跟隨機的腦部功能變換、轉變、降低，或甚至停止運作有所關聯。「自我」的界線比我們一般想像的更為易變，而身分的認知可能會因為各式各樣的失調症而消失。正如葛萊夫頓所言，要扭曲這具掌控著我們如何背負自己，並且在這個世界移動的身體結構，是件很容易的事。身體結構一旦遭到擾亂，我們對於身體的自主權、位置與動作，以及我們如何存在於空間的認知，全部可以改寫。我們眼睛所見與身體所經歷的一切，都不再維持一致性。即使是我們這些身體強健的人，也能認同身體的所有權會輕易消失；就連最基本的身體感覺也可能受到暗示。

在一九九八年劃時代的橡膠手錯覺實驗中，認知科學家將一隻橡膠手放在一位健康受試者的真手旁；一面隔板擋住了受試者看到真手的視線，但受試著仍能看到橡膠手。科學家同時用兩枝畫筆刷過橡膠手與人手。令人意外地，許多實驗者都肯定地說，他們「感覺到」橡膠手被刷過[2]。我們對身體的自我感受很容易受到影響，而在準備接收來源有問題的謬誤訊息時，這樣的影響尤其明顯。

---

[2] 原注：Anil Ananthaswamy, *The Man Who Wasn't There: Investigations into the Strange New Science of the Self* (New York: Dutton, 2015), 74.

認知功能障礙強烈說明了人類感知的脆弱。經歷身體自我（bodily self）重建感受的中風病人，會受到稱為「忽略症」[3]的症狀所苦。顱內病變導致右半腦受損時，病人會經歷左半邊身體的認知錯亂。這樣的病人無法完整地將感官體驗轉換成連貫的認知。單邊忽略症不僅消滅了病人單邊身體的感知，也抹消了認知存在鄰近空間之物的能力；除此之外，手臂、腿、桌子、盤子、門也全都消失了。這類忽略症不僅影響一個人的視覺與空間經驗，也會攪亂記憶與回想的能力；若有人要求這樣的病人畫一顆蘋果、一隻鳥，或一棟房子，他可能只會畫出這些東西的半邊。這種情況等於是否定位在你半邊身體的世界存在。就像葛萊夫頓說的：「半個世界就這麼消失了，不論是社會的世界、實物的世界，還是自我／身體的世界。」

額顳葉型失智症是一種神經退化性疾病，它會攻擊位在腦部額葉與顳葉的神經中樞。就像我母親的腫瘤，它攻擊的是掌管語言、判斷與溝通的大腦部位。當那些腦細胞死亡後，讓我們之所以成為我們的情緒特質，也全部灰飛煙滅。自我意識與同理心會跟著衰減，情緒記憶也會褪色。無動於衷與疏離入駐。病人出現人格解體，對任何事物都漠不關心。「只剩下可怕的空洞軀殼，」葛萊夫頓說。愛麗絲夢遊仙境症候群會出現在癲癇、偏頭痛，以及各種思覺失調症的病人身上，這種病症會改變與扭曲身體意象。病人對於大小的感知會受到擾亂，東西變形；比例的認知從根本上起了變化，致使一般物體的形狀、距離與擺放位置，全在想像層面發生改變。病人可以變得更高或更矮，人與身體完全脫離，感覺自己正飄在空中，或發現時間莫名其妙地變快或變慢。

人格解體障礙（depersonalization disorder）是另外一種疏遠與隔閡的表現，病人會與自己的情緒存在（emotional being）保持距離。這種精神上的漠然，對於飽受創傷的人來說，是一種很有用的防衛機制，不論他們的創傷是來自童年虐待、戰爭壓力、暴力意外，抑或其他各種形態的激烈攻擊。解離性身分疾患（dissociative disorder）可以只持續幾分鐘，也可能持續好幾年。這種病症可以讓駕駛從車禍事故現場脫身，而在遭受心理創傷的病人身上，則會以一種麻木的狀態表現，這種麻木可以讓我們無法承受的部分消失不見，變得不可知，或顯得遙遠。

靈魂出竅很可能是肉體的短暫脫離，在這樣的經驗中，一個人的觀點從身體本身轉移到

3 忽略症候群被定義為對出現於部分空間之有意義、新的刺激無法產生回應或定向。其肇因於腦部的病兆缺陷，常見病因有腦中風、腦腫瘤或腦外傷。症狀包括知覺無法注意（sensory inattention）、動作無法注意（action-inattention）與空間忽略（spatial neglect）。

身體以外的地方，有時會造成一種視覺二元（visual double）的感知[4]。這種身體與心靈的二元性，有時被視為是我們可以從平凡的世俗現實中掌握靈魂分離的證據，但神經學家認為這其實是腦部暫時無力處理軀體感覺所致，也就是可能發生在身體任何部位的感覺刺激，譬如極度的疼痛、熱，或壓力。如果我們無法處理觸覺、視覺與來自大腦前庭的資料，就會喪失空間認知。而這樣的不確定，會擾亂我們的身體結構。

這種自我消失的情形，可能會讓互動的雙方感到不安或焦慮。一位我曾經交談過的小兒神經科醫師提到，他從他許多年輕的自閉症病人身上感覺到社交缺席的現象，他說，「事實上，他們就是消失了。」他們的溝通能力不足，無法掌握肢體語言或社交過程中的暗示，眼神的接觸有限，厭惡人與人之間的觸碰，而且常常還有選擇性緘默症的問題。他說，他們「有時候就是不在那兒」。然後，他以自己經常感受到與病人之間的心理距離作結：「我都覺得自己隱形了。[5]」

不過，自我的消失也可能成為喜悅的來源。引發癲癇的顳葉放電，有時會引發狂喜，對於癲癇患者來說，先感受到一陣短暫的狂喜，一種與世間萬物有所連結的感覺，並非罕見的情況。作家艾莉莎・薛波爾（Elissa Schappell）[6]在她的文章〈光亮進來的方式〉（How the Light Gets In）中寫下這樣的經驗：

我沉默而平靜。有生以來第一次，我感到圓滿。我在發光，全身充滿了喜悅與驚奇，而且我在往上飄。那兒有看不見的生命、發光的世界，閃爍著微光，美好又輝煌，流洩著似乎不可能盛裝得下的光亮，全急急湧入我的手掌與腳掌中，空氣中流動著光亮，如此多的光亮就像是水一般，只要伸手就能舀起一掌的光亮。光亮充斥房間的每個角落，從牆上流淌而下。

不過你若真想體驗消失的感覺，葛萊夫頓在寫給我的電子郵件中說：「打一劑米達諾（Versed）[7]。不囉嗦，八個小時完全失憶。沒有記憶＝在那段時間消失了。你抹去了自己在那段時間裡的存在。」米達諾是苯二氮平類藥物，屬抗焦慮類藥物，類似功效的藥品還有贊

---

4 原注：Anil Ananthaswamy, *The Man Who Wasn't There: Investi-gations into the Strange New Science of the Self* (New York: Dutton, 2015), 199.

5 原注：引述自詹姆士・羅爾巴醫師（Dr. James Rohrbaugh）於二〇一六年九月二十六日與作者的對談。

6 莉莎・薛波爾：美國小說家、短篇小說家、編輯與散文家。

7 米達諾（Midazolam）：又稱「速眠安」，常見以Versed為商品名販售，主要用於治療急性發作、中度至重度失眠，及進行醫療程序前之導引鎮靜及失憶的安眠作用，會使人產生睡意，降低焦慮，不易形成新的記憶。

安諾（Xanax）、煩寧（Valium）、利彼鎮（Librium），以及安定文（Ativan）；藥品上所寫的病人須知指出，這種藥的「藥效是造成失憶，讓病人不記得術後或治療過程中所可能發生的任何不適或不良影響。」我記得幾年前在開一個小刀前，曾注射過這種藥。在藥效發作，把我打入遺忘的隧道前三十秒，是我所知自己這輩子最幸福的時刻之一——純粹的生存，與這個直接的世界和世界中的紛紛擾擾沒有任何有形的連結，那時有種言語難以表達的感覺，好似被收納入一個更大且極其溫和的存在領域中。我當時處在一種與周遭世界極為親近的狀態中——身邊是穿著綠色手術服的醫療人員、不斷閃爍藍燈的醫療設備、米色的廊道與它所通往的無限宇宙。我充滿無盡的感激。米達諾是我與這個宇宙的約會。這麼多年後的現在，我開始懷疑當初那些幸福的時刻，會不會都是托失憶的福。失憶狀態真能帶來狂喜，一如它帶來絕望嗎？

真希望能把當時那種狂喜的狀態說得更仔細、解譯得更精準，但若想進一步探究還真不可能。一個人只有在情緒極度激動、手術前，或願意買街上的毒品時，才有可能注射這種藥劑，而我的情況與這些都不同。但若想更深入掌握葛萊夫頓提及的這種暫時失憶的狀況，並非非得注射這些藥劑不可。為了睡得更好，我偶爾會服用贊安諾，這種藥會誘發順行性失憶，亦即在誘發失憶的事件**之後**，喪失形成記憶的能力（此處的失憶與逆行性失憶相反，所謂的逆行性失憶係指無法喚起過去任何記憶）。我記得有次我在看《純真年代》（*The Age of Innocence*）這本書。好幾個小時後，等我睡醒了，這本書卻在房間另一邊的桌子上。艾倫．奧蘭絲卡伯爵夫人為什麼要送紙條？阿契爾說了什麼？梅．威蘭為什麼站在木蘭花下？我記不起任何相關的故事情節或對話。雖然我能肯定自己翻了好些頁，但就是記不起書中的任何字句。我生命中的一小個章節，也隨著那些句子與段落被抹去了。

我記得我還在讀大學時，某個夏天曾沉迷於伏特加。酒精會干擾記憶，在某些情況下，還會阻止大腦形成新的記憶。換言之，並不是你無法回想起剛才所發生的事，而是那段記憶根本沒能在你的腦子裡形成。在酒精性失憶期間，一個人的言行與記憶，很可能全都會被抹去。廚房的桌子上多了一把不認識的鑰匙。一本書攤在花園裡。前門大大敞開，狗也不見了。這些事，我一樣都無法解釋。經驗的縫線全脫落了，再也無法縫補。字句褪色、事件消失，自我成了一片散落著許多島嶼的海洋，有些島嶼儲存著確切的記憶，有些卻是一片模糊；身分變成廣大又神祕的群島，四周全是茫茫大霧與不明的海流與潮汐，以及難以辨識的海岸線。這些海岸線幾乎難以繪製成航海圖，也幾乎無法航行。

葛萊夫頓所提到一個人可以「抹消自己在那段時間中的存在」的方式，似乎精準描述了那些消失的片段。經驗沒有被銘刻下來。組成人類平凡經驗的零件並未留下紀錄。地球上的生命從你身旁經過。你看不到你自己。這肯定就是詛咒的定義了。如今回想起那年夏天，連自己都無法置信。我當時也不過剛脫離青少年的年紀，在那個年紀，身分是一種具有恆久糾葛性、引人好奇與極具魅力的主題，是一個人才剛開始熟悉的一種存在框架。從四十多年後的今天往回看，在那樣的年齡選擇抹消一小塊記憶，即便只是一小塊，似乎都像處在一種瘋狂狀態。

記憶一旦開始變動，就可能經由各式各樣的管道消失，像是失智、腦部損傷、中風、藥物濫用，或時間本身的流逝等等。失去記憶時，我們還留下些什麼，也還無法用科學來說明。我們的記憶能夠定義我們的程度也是。當我們遺忘了人生中的重要時刻——湖邊的游泳課、雨水沿著你名下第一棟公寓的窗子傾瀉而下、南加州的公路旅行、鱈魚角海灣鹽水的味道——我們的身分就不完整了嗎？我們的自我意識、我們來到這個世界的使命，以及我們對自己身體的了解，都可能受到破壞與毀損。我們可能因為神經功能障礙、精神創傷、麻醉、藥物濫用等狀況，讓我們從自己面前消失。我們自己的各個部分，可以被抹消或遺忘。有東西不見了。有東西留下來了。要定義什麼是什麼，並非都那麼容易。就像我才與米達諾接觸了短短的時間，就誘發了某種接近狂喜的東西一樣，有人在癲癇痙攣開始前，也可能會體驗到連他自己都不知道的幸福。但中風病人卻可能因為自己的身體部位與世界消失，而感到悲傷。

腦瘤影響了我母親的說話能力，也降低了她向家人表達愛的能力，並且讓她充滿了困惑的憤怒。腦瘤也奪走了我們對她的身分的理解。但這類的身分概念早已過時。要顛倒一個人自我，不見得需要災難性的疾病。就算我們的認知能力並未受到如此嚴峻的考驗，我們也已經知道人的個性永遠都在自我調整。就像我們的身體處於不斷更新的狀態，一個成人每天平均約生成兩千四百二十億個新細胞一樣，我們認為讓我們變得**獨一無二**的個性分子，也隨時都在重新調整。身分是種很詭祕的東西。我們其實常常背著自己鬼祟行事。

社會心理學家與作家丹尼爾・吉伯特（Daniel Gilbert）認為，人類其實比我們以為的更具彈性，人類「是一幅正在創作中、卻被誤以為已經完成的作品。現在的你，其實跟曾經是你的那些人一樣短暫、易逝。我們生命中不變的常數，就是改變。」他說，時間是一股非常強大的力量，它會恆久不變地持續修改我們的價值觀、個性，以及我們對任何事物的喜好，從音樂、我們想去的地方，到友誼[8]，都會變。

愛丁堡大學研究人員針對人類個性的穩定度，進行了有史以來最長期的研究，也得到了類似結果，他們發現我們青少年時期所具備的特質，有可能在後來的人生中全數消失。短期內似乎呈現穩定的特質，在往後數十年裡漸漸動搖。研究人員針對一九四七年蘇格蘭心理調查（Scottish Mental Survey）追蹤一群多達七萬零八百零五位孩童發展資料的子集資料進行研究。這個子集的調查樣本量只有一千兩百零八個十四歲的孩子，研究主題是孩子從青少年到成人的個性穩定度。這份調查歸結出這些孩子的六大特質：自信、毅力、情緒穩定度、嚴謹、創造性，以及求知欲。二〇一二年，研究團隊追蹤當初的參與者，其中一百七十四人同意參與接下來的研究。研究人員發給他們問卷，請他們就自己的六大特質進行評分，並詢問這些特質對他們的行為仍有多大影響；參與者的家人、伴侶，以及親近的朋友也受邀評估參與者早期特質的持續存在程度。研究結果顯示，儘管這些特質在參與者人生較短的期間內維持穩定，但大多數人除了情緒穩定度這項特質外，其他特徵都有相當顯著的改變，有時甚至完全消失了[9]。

兩百五十多年前另一個蘇格蘭人，哲學家與散文作家大衛．休謨，在他的著作《人性論》（*A Treatise of Human Nature*）中思索人類身分的短暫時，提到：

> 自我或個人並非任何單一的感觸，而是由我們的好幾種感觸與想法所組成，這些感觸與

想法也都應有參考的對照物。若任何一種感觸引發了自我的概念，則該感觸在我們的有生之年，必將不變地重複這樣的影響；因為自我應該就是存在於那樣的狀態之後。然而，任何感觸都不是永恆與不變。痛苦與歡愉、悲傷與喜樂、熱情與激動互相交替，所有感覺永遠都不會同時存在。因此自我這個概念，不可能衍生自這些感觸中的任何一個，也因此其實根本沒有自我這樣的概念。

休謨在這段文字的幾句話後，「大膽肯定所有的人類，都不過是一團收集了不同感知的包裹，而這些感知以不可思議的高速接替出現，並且處於永久的變動與活動之中。」這樣的說法正好呼應了神經學家葛萊夫頓後來的說法。

人都會變。人類的性格比我們以為的更不穩定。自我是個永久的難民，總是從一種狀態

[8] 原注：Daniel Gilbert, "The Psychology of Your Future Self," recorded March 2014 at the TED2014 conference, TED video, 6:46, https://www.ted.com /talks/dan_gilbert_you_are_always_changing.

[9] 原注：Mathew A. Harris, Caroline E. Brett, Wendy Johnson, and Ian J. Deary, ed. Ulrich Mayr, "Personality Stability from Age 14 to Age 77 Years," *Psychology and Aging* 31, no. 8 (December 2016), 862–874.

遷徙至另一種狀態。不論我們以為自己可能擁有哪些固有內在特質，事實上，所有的特質都具可塑性。這些研究背後的數據或許最近才得出，但關於短暫性的學說卻早已存在，甚至早於休謨與啟蒙運動。佛教修行的基本概念之一就是無常，亦即所有的存在都處於一種永恆變動的狀態。物質與精神事物都一樣，全都是轉瞬即逝。不論是思想、情感、信仰與行為，無常就是存在的基本狀態。

我一直以為人的自我有一個核心本質，它就像堅實的基岩一樣，只有強烈的地震或極端的環境，才能讓它的基本形態產生變形。不過，現在我了解到，自我是另一種東西，一種沖積土形成的地形，不是基岩，而更像是沙土、淤泥和黏土層的堆積，再加上頁岩裂谷，以及礫石與石塊的聚合物所形成之物；所有這些物質，都會受到雨、雪、冰、氣溫、天候、時間，以及這些東西天生具有的不同特性所影響。我們以恆久而短暫的方式變化。如果說一個經歷了腦部損傷、阿茲海默症或失智症的女人「不再是她自己」，是種毫無根據的說法，那麼對一個每天早晨從鮮明夢境中醒來、剛讀過一本扣人心弦的書、剛吃完一頓飯、剛游完泳，或剛和丈夫一起吃完晚餐的女人，說同樣的這句話，應該是相當精準的陳述。反過來看，如果你剛好發現自己在睡了十個鐘頭後、剛動完膝蓋手術、才從冰島回來，或剛把頭髮全染成藍色後，正在說「我現在是一個全新的人了」，事實上可能也是真的。

我們是因為這樣才投入隱身的研究嗎？我們對這個環境是否有某種固有的熟悉感，對我們消失的身分是否有某些分子層面的理解？正因為我們的身心隨時都有些許東西在不可預知的情況中來來去去，這個課題才會時時刻刻、一天又一天地來敲門。我想起母親大腦內重整的細胞。有時，當她在夏日的午後坐在門口，望著她幾年前親手栽下的玫瑰時，她就會平靜下來。有些玫瑰還是從我外祖父幾十年前種出的玫瑰花壇中剪下來移植的。那個時候，我喜歡把她臉上的愉悅想成是在反映一種連續感，一種傳承的接續，或是家族認同的幾條細微線索仍完好無損。或是母親又變回她自己了。但我現在知道，自我並沒有一個管家可以將它的零件、習慣、信仰與感想，召喚與整理成一個連貫的整體。如果我禁不住去相信她又是她**自己**了，那也不過是因為我理解到自我既是舊的，也是新的，因為自我的組成，是從一個人之前生活的片段，以及那個黃昏時刻所可能成為現實的總總，共同衍生出來的產物。

第十章

土地的故事也讓聆聽者思考存在於我們視線範圍之外的影響與力量，它們存在於相同的石塊、溪流、海浪與瀑布之中，以及霧氣和沙漠的沙塵背後。

——泰瑞・岡納爾（Terry Gunnell）

「隱形的地理
The Geography of Invisibility」

坐落於雷克雅維克南郊的冰島港口小鎮哈布納菲厄澤（Hafnarfjördur）給我的第一印象，並沒有什麼特別。大多數的房子都是波形鋼板塗上亮色漆料，有種率直的魅力。強風侵襲的街道賦予這個地方格外豐沛的優雅氛圍，就好像任何外來之物都已經或即將被吹入海中。

不過再看第二眼，就會發現街上散落著較奢華的建築。這座小鎮幾乎全都建造在一塊名為「布爾費德熔岩」（Burfellshraun）的七千年熔岩原之上及其周遭，這裡的地形特點是參差不齊的誇張暗色石塊，從鵝卵石、拳頭大小的石頭，到形狀與結構多元的超級巨礫。道路與房舍全沿著火山口與裂谷建造。幾乎完全由岩石窟組成的赫利舍迪公園（Hellisheidi Park），融合了洞穴、凹地，以及裸露地表的黑岩塊等景觀；瀑布從岩石的裂口與縫隙中流出，溪流循著凝固的熔岩流道傾洩而下，只有地衣與野生百里香才能稍稍軟化黑色熔岩的壁面。就連那棵矗立在公園某條主道旁、彎曲且多瘤的樺木，似乎都符合熔岩的美學標準。

冰島人都相信這樣的岩塊為精靈們提供了居所，而上頭的誇張裂谷與深溝，則是專供隱形居民（Huldufólk）或精靈（Álfar）來去的小徑；就連那棵歪歪扭扭的樺樹之所以顯得生氣勃勃，也被歸功於這些友善精靈的存在。離公園幾個街區外，一條名叫「莫庫爾嘎塔」（Merkurgata）的街道，出乎意料地順應著一塊凸出於街面且與周遭毫不協調的巨石而開。我造訪的那一天，在這塊大石頭上扎根的毛茛、野生百里香、洋蓍草與蒲公英，開滿了一石頭的花。街道這一邊的現代房舍全都配合這塊巨石的位置而建，停靠在街道另一邊的黑色富豪車，駕駛以無比謹慎的態度，將車子倒出來。這裡的生活全都圍著這塊大石頭而轉。附近的維斯圖爾布洛特街（Vesturbraut）上，也有另一塊類似的大石塊，不過這個石塊看起來比較整潔，甚至可以說經過了細心妝扮，上頭有著受到精心照顧的苔癬庭園與巨型鯨骨。連這座小鎮上有一百年歷史，名為「自由教堂」（Frikirkjan）的路德聖堂，也是建蓋在一塊裸露的熔岩流地上，有些人相信這兒曾是隱形居民的居所。

不過，哈布納菲厄澤並非緊抓著多神傳統不放的偏遠鄉村，而是個現代化的郊區小鎮。一張小鎮地圖記錄著隱形居民的居所，不過我覺得這兒的人們並沒有把這些大石頭視為具有特殊魔力，或超自然的存在。人們多少都喜愛、敬重居住在這些石頭中的精靈，也多少感到害怕，但不是太嚴重。這些熔岩石塊早已融入日常生活的肌理之中，因此看起來就像日常的街景，與其他城市裡可能出現的自動服務機、餐車、布旗，或玻璃纖維製的麋鹿等區域性特點，沒什麼太大區別。

話說回來，這些石頭當然不是設計策略家所夢想要推廣的城市商標。哈布納菲厄澤的特點在於這些石頭的分布區域、規模，以及大量的火山岩塊，然而話說回來，在冰島鄉間，類似的石頭到處都是，羊群吃草的山丘與平原、村莊與城市，俯仰皆可見，而人們相信其中許多石頭都是這個國家另一種看不見的居民的地質寓所。承認隱形居民存在的人，並不限於一般房主，區域暨計畫委員會與民政單位也都承認他們的存在。只要打擾到石塊、懸崖、洞穴、山岩，以及地下裂縫中的隱形居民，就等於是公然的冒犯，而一旦冒犯，機械設備就可能故障，施工計畫會遭到干擾，施工者也可能受傷。為了避免發生類似事件，於是道路轉了向，建設也挪了位置。二〇一五年，在一連串風暴襲擊錫格呂菲厄澤（Siglufjörður）北方的峽灣小鎮後，清理道路的施工人員接連遭到洪水、土石流、碎石堆襲擊，安全也面臨威脅。後來他們發現精靈們喜歡的一塊石頭遭到泥土掩埋，大夥清除了石頭上的泥土後，魔力消失，秩序也恢復了。

冰島各地的人們通常都認同超自然現象。赫納羽納維尼（Hraunavinir），亦即「熔岩之友」，是一個致力於同時保護天然資源與文化遺產的全國性組織。這個組織的會員與各個市政府、冰島公路與海岸管理局，以及其他公民機構共同合作，確保這類石頭能夠得到妥善保護。二〇一四年，冰島公路委員會在阿佛坦斯半島（Álftanes peninsula）上建造一條貫穿高爾嘎赫恩熔岩平原（Gálgahraun lava field）的新公路時，施工團隊與相關單位小心翼翼地挪開一塊十二英尺長的石頭。大家都認為有群隱形居民聚集在那塊石頭上。

正因為要保護這群隱形居民，就必須保護這個國家的熔岩平原、冰河平原，以及令人震撼的高山瀑布。如今，多數冰島人都將隱形居民看成是當代環境保護成就的得力助手。然而，對冰島文化而言，這群看不到的居民絕不只是現代環境保護主義的奇特後盾。大眾對精靈們的想像，如今也傳達出某種更深遠、更複雜、更適切的意義。冰島是個認同隱形的地方——隱形存在於山丘的裂谷與裂溝中、熔岩石塊中，也存在於草屋裡。在這個我們愈來愈熟悉媒體中介的事實，也接受虛擬科技可以用各種方式與真實生活經驗產生交會的時代，精靈們所代表的物體、地方、角色，以及隱形的世界，都暗示著這種萬物匯聚的情況，確實可以在沒有隔離的情況下發生。而且這類經驗的融合，事實上還能提升人類的體驗。

冰島人身上同時帶著早期塞爾提克拓荒移民與北歐維京人的基因，而中古世紀隱形居民的神話也對映到這兩種文化中的精靈；這些隱形居民是許多仍居住在大地之中的北歐精靈表親，和愛爾蘭的精靈也有親戚關係，而眾所周知，那些愛爾蘭精靈同樣也住在動物的地穴、山洞，以及樹幹當中。有些歷史學家猜測，過去當擁有冰島土地的是北歐人，而他們的奴僕是愛爾蘭人時，愛爾蘭文化影響冰島的精靈人物的程度，遠大於北歐文化；畢竟說故事的人都是婦女與保母，而那些故事使得人們對精靈的信仰成了永恆。不過，就像他們所有的前輩一樣，隱形居民們的故事真正開始成形，是在人類生活條件非常嚴峻、捕魚與農場工作令人極度疲憊、冬日無情，且氣候又極為嚴酷之時。冰島人很清楚自己是任由危險世界擺布的居民。

冰島的隱形居民有他們特殊的性格。他們是社會動物，生活和我們非常相似。他們的飲食和我們類似（不過花朵也可能是他們的日常飲食），穿著打扮也和我們雷同。一般認為他們維持著十九世紀的裝束與打扮，主要原因是他們的故事就是在當時從口述轉為文字。隱形居民並非具有魔力或被施了魔法的族群；他們和我們一樣，但比我們好一點。他們住的房子和我們的相似，但比我們的好一點。他們的家畜也比我們的好一點，皮毛較厚也較亮。他們的牛產出的牛奶品質較佳，馬跑得比較快，體態也比較優雅。在嚴苛的現實環境威脅著人類日常生存的時候，隱形居民卻仍過著有秩序、教養、安全、禮度與繁榮的生活。隱形居民扮演著一種超脫塵世的實際角色。

冰島人仍然相信這種影子民族，與這個國家令人意料不到的混沌地理環境有關，因為這裡本身就是一片充滿未知暗示的土地。令人眼花繚亂的破壞力終年不斷地改變著冰島的地貌。這個國家位於北美與歐洲板塊間的大西洋中洋脊斷層帶上，兩個板塊持續漂移，北美板塊往東南東移動，歐洲板塊則是朝著西北西移動。至於冰島這塊土地，就算不是長期處於火山爆發狀態，也是處在持續不斷的活動狀態。每週可能出現數百次的地震活動，可以用「群」（swarm）當作單位，而我先前並不知道這個字也能被用來計算地震事件。這兒的火山都是活的，所以要在六角形玄武岩柱當中找到稀奇古怪的造型石，根本不是難事；有些石柱是比較軟、比較圓的枕頭造型，有些則是各種奇形怪狀的火成岩。熔岩流在一天內可以形成各種怪異物質，從燒熔流動的漩渦，到硬質的幾何形水晶，應有盡有。然而，熔岩地也很可能有如月球表面的荒蕪平原，上面不是覆著歷經千年歲月的蒼白苔蘚，就是長滿大片大片的紫色魯冰花。

冰河冰占了這個國家約百分之十一的面積，以致這片動盪不安的土地上的冰河湖、冰川與冰穴，就和滾燙的間歇泉、從地裡流出與冒泡的泥池，以及蒸騰的硫磺地熱池，一樣普遍。整片景觀似乎都處於一種即將變動的狀態，即使在氣候變遷發生之前，冰河便已像是隨時都會朝著平原開展而下。在北邊的傑古沙龍冰河湖（Jökulsárlón），那兒的流冰帶著令人意外的熱帶青綠色彩，有些上面還有塵點，它們以壯觀之姿從寒冷的潟湖流向黑色沙灘。科學尚無法界定自然環境在人類心理成形的過程中扮演何種角色，但看起來冰島人並不是牽強地藉由想像把地理與感覺串連在一起，抑或是冰島的文化亦恆久地反映了一塊不穩定的土地所展現的意外未知力量。這裡的人都充分認同，美麗與看不見的力量之間存在著連結。

如果說這兒的地理擁護的是未知，那麼這個國家的氣候與光線也同樣如此。位於北緯六十五度的冰島，會接連數月被黑暗籠罩，而且常常會進一步遭到眩目的白雪掩蓋，突然閃現的北極光河，一道流過夜空，夾雜著紫紅、青藍與綠色的極光，或許可以減緩這片黑暗帶來的壓迫，也或許對這片黑暗無能為力。視線依然模糊不清。詩人馬克・溫德力克（Mark Wunderlich）在想起冬天的一次鄉間旅行時，曾對我說：「咆哮的狂風，以及兩英尺深的積雪。天很黑，伸手不見五指。我是去那兒騎馬的，但在這樣的情況下，我想我們大概都得待在室內了。可是我的朋友問我你幹嘛不去騎馬？於是我們全整裝出發。真的是伸手不見五指，不過馬兒都知道我們身在何處。然後突然間，我們都看得見了。」

幽靈似的人口並不限於隱形居民這種隱蔽的種族。冰島神話中還有可以在水底呼吸的海牛、可以隱身於浪中並化為不同動物外型的斑點灰色水馬（waterhorse），以及可以像蟲一樣隱入土中的狐狸與貓混種靈物「斯克芬」（skoffin）。故事有助我們了解這個地方，而且根據冰島大學民俗學教授岡納爾的說法，故事還可以：

把空間變成地方，把地方變成一個生活的環境……故事就像是這些人居住的地理、精神、歷史與心靈環境的地圖，（功用）在於提醒聆聽者這個地方的名字與路徑。故事也賦予地區歷史深度，讓一個地方住滿回憶、鬼魂，以及各式各樣的超自然生物[1]。

沒有人可以將這裡的景觀與光線從冰島的傳說中分離出來，因為如此多的傳說都是以冰島人周遭土地中那看不見的力量為中心。四處都充斥著神祕感，而這也幫助我們理解為什麼自十八世紀結束以來，冰島就幾乎沒有文盲了。這兒的人不僅人人能讀，許多人也會寫。目前的統計數字顯示，十分之一的冰島人都會寫一本書。看不見的地質力量無所不在，而長達數月淹沒一切的黑暗，可能也與這個國家深植的讀寫傳統有關。這裡是人類想像力茁壯發展的地方。這一切的故事與信仰之所以能夠如此長久，也和海島文化天生的特質有關。任何海島所具備的相對孤立性，都會造成奧利佛・薩克斯（Oliver Sacks）[2]所說的地理奇異點

1 原注：Terry Gunnell, "Legends and Landscapes in the Nordic Countries," *Cultural and Social History: The Journal of the Social History Society* 6, no. 3 (2009), 305–322.

2 奧利佛・薩克斯：一九三三～二〇一五，英國神經學家、自然主義者、科學歷史學家與作家。

（geographic singularity）現象。地理奇異點是一種隔離狀態，而這樣的隔離不但會讓動植物產生異於其他地方的進化，也會讓人類在有限的外來影響與干擾下，發展出獨特的思想與信仰系統；海島為這個世界培育了獨特性。

上述所有因素，都可能是隱形人民的故事之所以能夠如此天衣無縫地融入冰島當代文化的原因。南冰島一位農人奧利．古納森（Oli Gunnarsson）指著一間緊鄰他家穀倉的古老草屋給我看。他說，這間草屋的屋頂幾乎已沉入原本在屋頂之下的草皮裡了，但那間聳立了好幾代的屋子，在他祖父還在世時，曾是一戶隱形居民的家。後來冬天的一場暴風雪損壞了那間草屋，那家隱形居民便搬到鄰近的農舍內，與他祖父母同住。當時他那位喜歡在晚上享受一杯雪利酒的祖母，發現酒瓶裡的雪利酒愈來愈少。「你最好把草屋的屋頂修一修，」她對丈夫說，「這樣客人才會早點搬出去。」她丈夫修好了草屋屋頂，日子又回歸正常。奧利對這個故事的平淡無奇一笑置之，但當我問他那家隱形居民是否仍然住在那裡時，他回答，「當然啊，應該還在。」他對我說，他相信這些隱形居民的存在。「我看不見他們，但就像大家看不見上帝，仍然相信上帝一樣。」他說，這是種相互尊重的關係。他女兒三歲時，曾和好幾個看不見的孩子一起在岩洞裡玩耍，奧利指著農場後覆著青草的山腳岩溝這麼說。當時的下午，他女兒總是要等到那些看不見的孩子被他們的父母叫回家時，才會回到農舍和她父母身邊。

住在北冰島的一位農場婦人，告訴我一些更盛行於她所生長的冰島東部的故事。她說自己小時候更接近這些故事中的體驗：「當你還小的時候，眼裡看到的與心裡所相信的，鮮少有差異。不過現在我們這裡的人，大多仍相信故事裡的事。」我是七月中時跟她在她的小木屋中聊到這些，那時鄉間已經有好幾個日夜都沐浴在淡淡的北極光中了。北極光不會減弱，只會出現程度上的變化，從柔和四散的灰色，轉變成陰鬱的珍珠暮色。只可惜一陣濃霧包圍了木屋周圍，我什麼都看不到。這就是這兒的可見度。在冰島談論未知事物時的曖昧談話，自然會與門外的氣候狀態互相呼應。

幾天後，飯店的一位員工告訴我她五歲的兒子經常與隱形居民的一個小男孩一塊玩耍。「他常想把玩伴帶回家，」她說，「可是我跟他說：『不行，不可以！』」她雖然相信兒子的話，卻不急著邀請這位看不到人的小玩伴到家裡作客。「這就是我們每天都會碰到的事，」她這樣告訴我。她和她先生住在一座農場裡，農場後面的山丘上有許多隱形居民居住的岩堡。在她和我說這些話時，我看著窗外山丘上散落的許多灰色石頭，問她如何分辨哪些石塊是那些看不到的人民所居住的地方。「只要從石塊散布情形來看就知道了，」她如此回答。「有時你會看到一塊比較大的石頭，剛好和一塊比較小的石頭排在一起。兩塊石頭並肩排在一起。就跟我們蓋房子一樣。」她對我說這些事時的語氣，開始讓我覺得很熟悉，那語氣交揉著實際的適應與純粹的古老信仰。當天早上稍晚，我開車去另外一個據說是隱形居民聚集的山腰。那個地方其實就只是座很普通的山，到處散落著石頭，並且覆滿了苔蘚與野草。沒有任何標誌指出這裡的重要性。

冰島北部一位八十多歲的牧羊人阿德蓋爾，透過翻譯告訴我他十二歲時的奇遇。他在一塊石頭附近遇到一名身穿藍衣的女子。她很友善，但並沒有和他說話。他之後就再也沒有遇過這樣的事了，但許多農場或畜牧場裡都有這樣的石頭。這些石頭與奇遇都是這裡日常生活的一部分。他不太明確地指著羊兒正在吃草的山丘。他兒子已經接手經營整座牧場，而且會說英文，他告訴我，認識這些石頭是他成長的一部分。「不過說真的，這些就是全部了。」

和這對父子的交談，讓我想起了泰特的詩〈隱形的鱷魚〉（The Invisible Alligators）。在那首詩中，一個男人和一個女人討論著男人沒有的鱷魚。兩人的對話既荒謬至極，卻又親切無比。「我是唯一沒有鱷魚的人，」他在一次令人摸不著頭緒的對談中這麼說，對談的主題是看不見的存在、古怪的同伴，以及**看到**與**了解**這兩個詞彙可以如何交替使用。泰特的詩作讀起來常常像一朵朵滿是小小困惑的雲，充滿了日常生活的迷惘，以及這些迷惘本質上可能擁有的趣味之美，而我現在聽到的這些故事，似乎也是默默地接受了故事中古怪且無法譯解的人物。

當隱形居民的石頭需要重新安置時，大家都是懷著尊敬與慎重的態度在進行。在布雷達西維克村（Breiddalsvík），當地一家飯店的經營者為了舉辦一場大力士比賽，把一顆石頭從附近的峽谷搬到到村子裡，大家稱這塊石頭為「力量之石」。這位自認可以通靈的飯店經營者，曾事先請求住在那顆將近十噸巨石附近的隱形居民同意他搬走那顆石頭。他們顯然同意了，但條件是只能使用石頭的療癒力。結果在搬運那顆巨石的過程中，發生了夾帶閃電的暴風雨、特異景象，以及燭光閃爍的情形。這顆怪異又平凡的巨石現在是整個村子的地標，坐落在村子中央，旁邊就是觀光客可以在上頭享用三明治的野餐桌。餐桌旁有個小標示牌，鼓勵觀光客摸摸巨石，以便獲得石頭的治癒之力。

當然，我也摸了那塊大石頭。在天體物理學的領域中，隱形有時被當成一種占位體，亦即未知知識的替身；物理學家確實知道有某些資訊存在，但就是不知道那些資訊是什麼時，就只能繞著這個未知的資訊打轉。暗能量就是一種占位體，既不會吸收光線，也不會發射出光線。目前沒有有意義的類比可以解釋宇宙如何擴張。關於宇宙的邊際，也沒有任何適用的隱喻。我們並未擁有相關的資訊。於是，暗能量持續擔綱這個未知事物的占位體，而科學家就繞著它思考[3]。隱形的世界是一個人類想像力尚未發現任何明確道路的地方，於是我們利用一塊石頭，或一塊凝固的熔岩、地上的某個裂溝、某種暗黑空間或物體，來代表那些我們無法想像的事物。然後，我們就繞著這些替代品繼續思考。這大概就是直到今日，我仍會把一塊直徑不到一英寸的圓形黑色火山岩放在大衣口袋裡的原因；我是在這個小鎮附近的海灘上撿到這塊石頭，用以紀念我知道卻無法理解的暗能量。

幾天後，我去了巴卡格爾地（Bakkagerdi）漁村。波加爾峽灣（Borgarfjördur）是冰島東邊的一個峽灣，而巴卡格爾地就藏在波加爾峽灣的最遠端，是座從事漁業和畜羊業的偏遠小鎮。這裡每天都有大量的寶石原石從地底被翻出來，這兒的禮品店擺著一箱箱的碧玉、瑪瑙，以及各種各樣的石英。不過，這座村子更著名的是隱形居民的傳說。這兒的人都相信村子外圍的一棟白色小農舍裡，曾經住著一位和人類與隱形民族共同生活的女子，當地流傳的故事描述著她在這兩個不同的世界中交涉生活與婚姻相關事件的作法。

其他的故事則提到村民與隱形居民共同形成的經濟。看得見的世界與隱形的世界之間的交流，包括了貨物與服務的交換，像是一筆財富換取一罐酪奶，抑或一頭上好母羊換得安然度過一場暴風雪。在一個艱困又不公平的世界中，與公平相關的主題會繼續長存。岡納爾的作品都在寫關於北歐國家的民間故事與景觀，他認為所有的傳說都在強調：

人們常常忘記一個事實，那就是住在鄉間的人，平時就活在各種生死交界之中。他們非常清楚無中真的會生有，也知道生出來的有，很容易就會回到無的狀態。對他們而言，世界是個複雜的地方，既同時存在也虛無，既有看得見之物也有隱形之物，也不是大部分的政府文件所能描繪出來的地方[4]。

離村子中心有些距離的地方，有一塊露出地表，名叫「阿爾發博格」（Álfaborg）的岩塊，許多人都相信這兒是隱形居民的一座城市，也是他們的女王博格希澤（Borghildur）的居所。我沿著一條長滿毛茛、野生天竺葵、野生百里香、苔蘚與地衣的小徑，爬到這塊岩石的頂端。岩塊並不高，不會超過五十或六十英尺，來此的人會有石頭在動的感覺——不過感覺

3 原注：Priyamvada Natarajan, "Invisibility: The Power of an Idea," 36th Social Research Conference, New School, New York City, session one, Research and Discovery, April 20, 2017.
4 原注：Gunnell, "Legends and Landscapes," 305–322.

很細微就是。從岩塊往東看可以看到港邊，北邊與南邊是頂峰覆雪的高聳山脈。這兒是那種讓人同時感覺到連結與失聯的地方。據說有群隱形居民住在這裡，也許確實如此，但這兒也是那種會讓人產生親和感的地貌。這個大石頭位在這個小峽谷的位置，以及它稍微凸出的高度，形成了一種安適、一種秩序、一種對稱、一種歸屬感。村民會將這塊石頭視為生活的中心，一點都不難理解。

塞爾提克的傳統堅信，這個世界的地理中存在著「薄地」（thin places）。諺語說天堂與人間僅三英尺之隔，但在薄地這種交會區，天堂與人間的距離更近。一般認為薄地是俗世與神靈世界交會之處，也是隱形與有形世界的接合之處[5]。薄地可能是一座山、一條河，某個地軸、某個岩界、土界或水界，抑或是河裡的漩渦、地上的摺層這類任何具有提升人類靈魂之力的地方。薄地也可能是寺廟、修道院、神龕所在之地，也可能是落在結凍湖面上的雪花、有日蝕或月蝕的天空，或一次意外的對談。薄地不僅指地形特質，也是指這些地形特質如何讓人類重新獲得空間與心理的契合。這塊圈限在山脈與東邊港口之間，小有高度的石頭，似乎相當符合薄地的條件。

不遠處是一座小丘，小丘上有一塊很大的火山岩，周圍圍著許多較小的石頭。當地傳說這個地方是隱形居民的交叉路口。那天下午稍晚，我遇到村裡的一位老師，她以明顯實事求是的態度告訴我，她會不時帶著學生來此參訪。她不但告訴我前往那個石堆的方向，還用筆在我的地圖上描出路徑，然後再把目的地圈起來。「誰知道呢，」她聳著肩說，「有好多東西，我們都看不到。」

作家拜雅特（A. S. Byatt）在她的短篇故事〈石女〉（A Stone Woman）中，把這種與自然的親近感發揮到極致。〈石女〉是個描述人類與石頭發生細胞聚合的故事。故事中的女子因為母親辭世哀痛萬分，發現自己的身體開始鈣化，她的全身骨肉都被綠白水晶、玄武岩塊、橘色與黑色的蛋白石、深藍鈣鈉斜長岩、蠟石，以及矽片所取代。各種昆蟲、蝴蝶與螞蟻都注意到她了。「我想妳變成一個蛻變體了，」有個男人告訴她。她發現礦化的自己擁有一個閃亮的實體，最終被身邊的土地吸收。這則故事捕捉住某種人類以超現實方式認同地方的狀況，以及人類與景觀的親近感可能是怎樣的動態過程，也訴說了人類與自然現象建構起情感關係的可能性。

5 原注：Peter J. Gomes, *The Good Book* (New York: HarperCollins, 2002).

聽到這兒對於隱形居民的看法，觀光客很可能會眨眨眼或翻翻白眼，並且跟許多冰島人一樣，將那些看不到的種族視為不過是悲春傷秋的文化遺俗。然而，隱形居民的傳說在這兒卻有一種延續與普及的感覺。我待在冰島隱形王國的那幾個禮拜，寶可夢手遊席捲美國，而這個遊戲所具備的獨創性與我在北冰島所目睹的情況很像。住在偏遠地區的冰島人時不時地就會向古德倫（Gudrun）[6]、博格希澤女王、精靈石塊中的小矮人，以及和小矮人住在一塊的多種生物合體獸尋求幫助。玩著擴增實境應用程式的孩子們，在都市郊區搜尋捕捉那些虛構的生物，其實也參與了跟冰島人類似的活動，因為兩者都牽涉到存在於真實的實際環境中的虛擬人物。再說，這些虛擬人物也都具備區域的獨特性。儘管寶可夢可能完全是建構在娛樂與商業行為上的流行文化發明，然而想要找出神奇寶貝的孩子們，卻同樣需要將實際與虛擬世界結合在一起，才能找到卡比獸、獨角蟲、小拉達這些想像出來的寶貝。

一個是數位遊戲，一個是更為根深柢固的信仰系統，但兩者都頌揚著將虛構人物疊加在真實地方所帶來的可能性、挑戰，以及愉悅。兩者都看到了這樣的作法可以如何讓地理環境更加生動。兩者都要求我們透過想像力去體驗地方，要求我們暫時把不相信放在一邊。兩者都完整地與實際的地方進行接觸，並讓人們願意在完全真實的地形中置入虛構人物。兩者都仰賴景觀、地標與實際目標的共同語言。兩者似乎都認同隱形並不一定要與廣大無邊的超自然祕密有關，也可以純粹與平凡的好奇心、創造力與不確定感有關。兩者也都利用了人類普遍希望與想像世界接觸的渴望。

寶可夢只是虛擬世界與實際世界板塊碰撞的其中一種管道。其他的混合經驗更發人深省。目前市面上推出了許多非競爭性，也比較不需要注意時限的慢速遊戲應用軟體，可以讓使用者在虛擬世界中做些更普通的事情，平靜地度過一段時光。「花園」（Flower Garden）就是一款可以讓使用者安靜地在虛擬花園裡種花的應用程式，使用者選種子、種植、澆水，把花盆移到光線較佳的地方，最後再摘花，把花束送給朋友。「口袋池塘」（PocketPond）是另一款類似的應用軟體，使用者創造出虛擬的後院錦鯉池，並飼養一池子錦鯉。這些遊戲裡沒有追逐、沒有比賽，只有夾在，嗯，選一條棕青色錦鯉或一條草斑紅錦鯉的選擇中。然

6 根據冰島傳說，古德倫是一位執事的女友，兩人相約一起參加聖誕夜晚會，執事去接古德倫的路上不慎落馬傷重而亡，但他的鬼魂依舊出現在古德倫家中，並接了她出門。後來，因為執事無法正確叫古德倫的名字（在冰島文中，古德的意思是上帝，而死人無法稱呼上帝），她起了疑心，進而發現是執事的鬼魂在作祟，鬼魂想將她拉進他的墳墓中。最後，古德倫逃脫，並請來法師驅魔，徹底擺脫執事鬼魂的糾纏。

後培育魚苗、餵魚、養魚、看著牠們從水中掀出波紋。就這樣。

當我們進入數位時代，就必須對如何將另一個現實直接疊加在一個現實之上有更多的理解。史丹佛大學副教授，也是虛擬人類互動實驗室（Virtual Human Interaction Lab）創辦主任傑若米・拜連森（Jeremy Bailenson），探索了虛擬實境的社會效益。這座實驗室的任務在於了解人類在虛擬實境的環境中如何應對，不但要了解人類如何感知自己，也要了解他們如何與其他人互動；同時還要探索人類與數位世界的接觸，可以如何有益於人類行為。參與實驗的人在他的實驗室中戴上頭部裝置，體驗的不是消失的能力，而是被其他環境、其他人完全納入的經歷。一趟瀕臨滅絕的珊瑚礁虛擬實境旅行，可以提高人對環境破害的敏感度。在另一個實驗中，看著一面虛擬鏡子的參與者，會從鏡子裡看到以不同的年齡、人種與性別等條件呈現自己的虛擬化身。當另一個虛擬化身以惡劣的態度對待他們時，參與者發現自己對歧視的敏感度提升了。就如拜連森所說：「你可以變成七十歲、另外一個人種，或另外一種性別，你必須設身處地以其他人的立場行走一英里的路，並體驗那個人所受到的歧視⋯⋯我認為我的工作是利用虛擬實境教導大家如何互相喜歡、從彼此的角度看事情、學習其他人的文化，以及了解我們的環境[7]。」

同樣地，西雅圖新創公司「深流虛擬實境」（DeepStream VR）也在研究虛擬實境在醫療保健方面的運用，特別是減壓、疼痛管理，以及戒癮治療這些方面。核磁共振掃描顯示，虛擬實境程式所引起的認知轉移在結合生物回饋時，有助於降低病人疼痛度。深流讚計畫（DeepStream's COOL! Program）能夠讓戴上虛擬實境頭部裝置的使用者選擇田園景觀，裡頭有時還住著虛幻的生物，這樣的裝置能吸引病人的注意，讓他們更能夠融入螢幕中所看到的外在景物。洞穴、流動的溪水、一個日出、一道雪拱門、一隻水獺——全都只是想像世界中一些可以讓病人更有效處理自己疼痛問題的元素。

隨著虛擬實境已走出電腦實驗室，它在日常生活中的運用潛力只會與日俱增。由於都市變得愈來愈擁擠，都市計畫師已著手研究如何利用手機應用程式與設備協助現代都市的居民，讓他們的交通、溝通，以及其他各種資訊流的交換更為順暢。虛擬實境可以為不甚理想的生活狀態帶來一些慰藉的想法，其實與延續了數百年的冰島文化並沒有太大不同。不論那些狀態是火山爆發、殘酷的寒冬、地震、過於擁擠的人口、極端氣候，抑或是有毒環境所造

---

7 原注：Tiffanie Wen, "Can Virtual Reality Make You a Better Per-son?," BBC Future, October 1, 2014, www.bbc.com/future/story/20141001-the-goggles-that -make-you-nicer.

成，召喚出一幅虛幻的景觀、物體或人物的能力，對我們大有助益。畢竟我們也才剛開始認知到，我們不過是一個難以駕馭的宇宙裡的住客罷了。

相信隱形居民的存在，得結合想像力、耐力，以及脆弱感。這是種相當有用的組合。岩塊鐵錚錚的存在事實與據說居住於其上、轉瞬即逝的精靈，所反映出來的並非某種斷裂，反而是事實與幻想的聯結。當提及我們居住在其他宇宙的意願時，不論是一位在虛擬錦鯉池中孕育魚種的布魯克林藝術家，還是一位藉由與一隻冰洞裡的虛擬海獺玩耍，學習如何控制慢性疼痛的退伍老兵，他們利用想像性思考的方式，與和她的隱形朋友在岩縫中玩耍的小女孩，或與一個在自家農場山丘上遇到一名藍洋裝女子的十二歲男孩，並沒有什麼不同。我幾乎可以肯定那位牧羊老人並不會覺得自己的經驗是某種虛擬的真實，而這樣的認知已經陪了他一輩子。

第十一章

如果你心中的自我可以變得比較小，那麼你的生活會變得多大呢……你會發現自己活在更自由的天空之下，而身處的街上，也滿是棒極了的陌生人。

——卻斯特頓（G. K. Chesterton）[1]

「驚奇 With Wonder」

1 卻斯特頓：一八七四～一九三六，英國作家、詩人、哲學家、劇作家、記者、演説家、業餘神學家，以及文學和藝術批評家。大家稱他為「矛盾王子」。

虛擬實境提供了使用者一個能夠身歷其境的電腦模擬世界，但擴增實境則是在真實世界的地域上疊加數位內容，以一種更難以捉摸的混合方式，將兩種景觀結合在一起。大眾所了解的擴增實境是一種將現實建構成另一種幻象的工具，但藝術家與紐約大學坦頓工程學院（Tandon School of Engineering）行動擴增實境研究室（Mobile Augmented Reality Lab）主任馬克・史夸瑞克（Mark Skwarek）卻比較熱中解構我們所熟悉的東西；換言之，就是抹消我們所熟悉的東西。他對數位經驗如何轉譯至物質世界的過程很感興趣，於是開發出他稱為「抹消擴增實境科技」（erasAR technology）的軟體，它能讓景觀中的物體看起來像是被移除了。他把自由女神從基座上移開，重整紐約市的天際線，也將維吉尼亞州的礦山全部復原。他認為，這種科技實際上是把使用者的行動裝置變成了一面鏡子。

這個計畫的目的是要讓人們獲得新的身分認知，並且進入新的景觀。史夸瑞克除了對這類可能性的社會與政治意涵深感興趣，也受到社會正義承諾的驅使，因此將他的抹消擴增實境程式，設計成一款能夠在行動裝置上執行立體拼貼的應用程式。他的《擴增實境韓國統一專案》（*Augmented Reality Korean Unification Project*）將南北韓間的非軍事區，恢復成原始的自然景觀。所有的警衛、軍事建築與設備、防禦工事，以及檢察哨站，全都經由數位科技移除，讓參觀者能用他們的筆電或手機螢幕，看到這個國家過去未分裂時的原始景觀，也讓人能夠純粹欣賞非軍事區的自然美景。

為了記錄非軍事區，史夸瑞克跑遍了這個區域，根據他的描述，這個地方雖然是塊夾在兩座山脈間的蒼翠山谷，但從空間上來看，卻具有大峽谷般的壯偉。然而，強烈的情緒感受更令人震撼。「到了那兒，」他說，「他們會放映人們被殺害的影片。你不能穿涼鞋。可以拍照，但不能攝影。」他說他的目的是要抹平戰爭的傷痕，讓更年輕的世代去想像統一的韓國是什麼模樣，並感受一下自由地在兩邊行走會是什麼感覺。他希望這種將景觀復原的沉浸式體驗，不僅可以將統一的概念視覺化，也能提供更深刻的情感連結。在另一個類似的計畫中，他以數位技術夷平了以色列與巴勒斯坦在加薩走廊的隔離國界，並藉由虛擬的拆除工作，在國界圍牆上砸出一個大洞，露出了橄欖林。「這兩國的人，有些從沒看過另外一邊的樣子，」他說，「所以他們會有驚奇、興奮的反應。[2]」他認為類似的科技能夠重塑我們對這個真實世界的了解。

史夸瑞克最近的專案《開放遙現》（*Open Telepresence*）[3]，是一種公開原始碼的工具，

2 原注：引述自史夸瑞克與作者於二〇一六年五月九日的對談。

3 遙現泛指能夠為遠距的人創造出本人的幻影，或做出實際身處當地的效果的任何技術。

功用有點像身歷其境立體版的Skype。這套軟體致力於更全面性地移除障礙，從本質上來說，就是要讓圍牆消失，和谷歌的探戈專案（Tango）的目標類似，這個專案將其擴增實境平台與行動裝置結合，進行室內導覽、環境辨識、立體製圖，以及測量現實世界裡的空間。史夸瑞克的專案目的在接觸更廣泛的用戶，他利用立體動態追蹤技術與深度感應器，讓行動裝置追蹤穿越空間的通路；他形容這樣的過程是種具體呈現的經驗，讓處在遙遠地域的人也能共享同一個空間。使用者將一個房間的立體影像上傳至網路後，其他人就能利用自己的行動裝置看到使用者，即時以虛擬形象進入這個房間。

這種立體連線溝通的應用，範圍可從室內導覽、製圖、小規模地傳遞複雜的實用資訊（譬如指導對方如何維修馬達），到較大規模的即時危機介入，讓最先到達災區的應變者可以收到遠在半個地球之外的專業醫護人員所提供的資訊與建議。史夸瑞克將這套軟體視為是確實能夠讓使用者同時身處兩地的科技，並能藉由技術專家的協助將知識大眾化。史夸瑞克的終極目標是使用者都能配戴一副輕量的擴增實境眼鏡（而非時下那種笨重、特大號的頭部裝置，這種裝置會無可避免地將使用者隔離於直接環境之外）。他說他的目標是利用擴增實境影像的回饋資料，將數位資訊覆蓋在真實世界上，讓使用者看到更多影像，並體驗與周遭世界更深刻的連接。史夸瑞克的願景是，這個專案能成為連結當下與永恆的平台。他說，現在的都市空間變得如此擁擠，移除隔離的牆面或許能讓擁擠的空間變得較能夠忍受。「空間打開了；你可以看穿建築物。這套科技從根本上重整了我們對於空間的體驗。」

對於史夸瑞克在布魯克林工作室裡的工作，我的體驗有限。我們站在他那間小辦公室外的門廊上，和他的一位社內助理姚晨（Yao Chen）打招呼。我們之間隔著一道牆，不過因為我們盯著的是史夸瑞克的筆電螢幕，所以那道牆消失了，因此我們可以在虛擬的狀態下與姚晨共享同一個空間。數位資料的回饋並不平均，因此有些顏色看起來會比其他顏色清楚。不過這只是較大規模連接系統的初期原型。史夸瑞克期望有朝一日我們所有人都能配戴這樣的擴增實境裝置，屆時所有裝置的能力就能串接在一塊，提供整個視覺世界一個完整的虛擬複製影像。他說，在伊拉克或敘利亞找個使用這套系統的人，我們就能即時對住在那裡的人有較清楚的認識，也能更具體地體驗到他人所受的痛苦。這套系統能夠讓我們對難民危機有不一樣的理解。「不過我現在也想從夏威夷衝浪者的角度，看看巨浪拍打在我辦公桌上的樣子，」他若有所思地說。「我還想將我的餐桌靠在自己公寓的牆邊，然後讓牆面消失，讓我姊坐在她自己的餐桌旁。等我們的牆都消失了，我們就能共進晚餐了，而且是坐在同一張餐桌上。」史夸瑞克最期待的，就是這種驚奇共享的感覺。

史夸瑞克毫不猶豫地承認自己工作的內在矛盾性：消失的牆讓一樣東西變得不太明顯，

卻讓另一個東西變得更顯眼。這樣的過程需要的不是更少，而是更多的影像回饋；而且移除障礙物的科技，可能被用作各種目的或遭到濫用，像是發送垃圾郵件到監視他人。儘管史夸瑞克知道確實有可能發生這類侵擾行為，他仍堅稱自己對這項計畫所投注的心血，是根植於希望這套系統能夠「以具有社會意識的方式來推動大眾」。他堅信這套系統可以實現原來的承諾，成為一套能夠促進正面人類溝通的工具。

史夸瑞克的研究除了隱含對未來的信心，他與連結和驚奇之間的聯結，也給人一種永恆的感受。不論是移除北韓的軍事設備，還是讓布魯克林一間普通辦公室的隔間牆消失，他在擴增實境領域的嘗試，都是在探討人類的存在可以如何在實體空間中配置與重新配置，以及最終，從這類體驗所衍生出的驚奇感受，是如何讓隱形狀態的價值最大化。

隱形的範圍可以從消失到簡單的隱蔽，從實施視覺判斷，到迷惑雙眼看到自我的縮小。保羅．皮甫（Paul K. Piff）的研究課題就是最後者。皮甫是加州大學爾灣分校心理與社會行為學教授，也是驚奇心理學（psychology of awe）的研究先驅。夜空也是他的研究現場，而夜空絕對是最令人驚奇的景色，而且幾乎每個人都能接觸得到。他曾說，如果我們不是每個人都有機會接近海洋、巨林，或大峽谷，我們至少都曾仰望過夜空，想像自己在宇宙中的位置[4]。不論一個人的背景或所處的地點，夜空在形塑人類意識與培育變化的人類經驗上，都扮演了一定的角色。不過，皮甫跨過了這些領域，將驚奇和有原則的人類行為結合在一塊。他的研究讓他相信，驚奇可以產生一種利他感，而這種超然的經驗能將我們與我們之外的世界連結在一起，將我們從利己主義提升到一種融入人類群體的感受。

在一項最近的研究中，皮甫和他的研究團隊把受試者安置在一座塔斯馬尼亞桉樹林中，這些超過兩百英尺高的桉樹是北美目前已知最高的闊葉樹。研究團隊要求第一群受試者注視這些巨樹一分鐘，另一組則被要求凝視附近的高大建築。研究人員接著要求所有參與者確認自己的感受，選項包含愉悅、氣憤、驚奇、噁心、恐懼、悲傷與快樂。不出意外地，那些看著大樹的人回報所感受到的驚奇程度，要比那些盯著高大建築物的人高得多。不過研究也指出，那些體驗到驚奇感受的受試者也都被記錄下他們覺得自己變得比較不在意權利、不那麼自我中心，也變得比較慷慨。

[4] 原注：Anna North, "What If We Lost the Sky?," *Op-Talk* (blog), *New York Times*, February 20, 2015, op-talk.blogs.nytimes.com/2015/02/20/what-if -we-lose-the-sky/.

身處能夠引發驚奇與讚嘆的自然環境，不僅會誘發出自我縮小感，也會讓人做出慷慨以及更有益於社會的行為。「我們的研究發現，即使驚奇的體驗很短暫，比如置身美麗的巨樹間，也會降低人們的自戀度與對權利的執著，並且更能夠擁抱人們所共有的共通人性[5]。」皮甫寫道。「我們努力在社會生活中，在利己享樂與關懷他人間取得平衡，而短暫的驚奇體驗可以讓我們從集體的角度重新定義自我，並將我們的行動導向能夠呼應身邊的人的需求。」皮甫曾寫過許多文章探討驚奇何以對靈性、藝術、自然、音樂，以及政治行動主義等活動如此重要，這些都需要積極參與的活動，都傳達出「一種更敏銳的集體認同感」。在降低自我感覺時，驚奇可以讓我們在更寬廣的人類團體聯盟中找到歸屬。

我所經歷過最貼近這種感受的時刻，是某個清晨游泳橫越一座寬廣的新罕布夏湖時。當時已是夏末，我知道能在開放水域游泳的期限即將結束。當我揮動手腳，游過這座寬廣的灰色湖泊時，我試著讓全身沒入水中，盡可能地拉長將頭壓在水面下的時間，徒勞地想記住河水給我的感受，並與它一同迎接不日將至的寒冷季節。當我終於冒出水面，我聽到一個從另一個世界傳來的聲音，那是種介於笑聲與慟哭的陰慘叫聲。當時離我幾英尺外有隻潛鳥，優雅的黑白相間棋盤紋羽毛，隨著牠不時掠過與把頭埋入水裡的動作，上下快速擺動；這些水鳥在潛水時，至少能在水裡待一分鐘；如果從岸上觀察一隻潛鳥，牠下一次會在什麼時候、什麼地方冒出頭，永遠都是個謎。現在也成了牠這片水域與大氣裡的房客的我，也短暫感受到了現身與消失的不確定感，以及同時存在又不存在的神祕旋律。儘管感覺有些混沌，又或許正是因為這樣的渾沌，我在這一刻感受到短暫的親近感，以及更廣大的秩序感。

對我來說，發現自己正親身體驗一種令人驚奇卻又自然的感覺，已然足夠：湖水給我的感受、晚夏空氣的觸感，還有來自野地的聲音。不過在這些感受之外，我還感受到被某個更大的群體納入的可能，而且也就在那短暫的瞬間，我感受到大自然的居民與社會世界之間的連結。我或許曾以各種方式存在，但身在當下也算是一種自我抹消。我不敢說自己變得更為他人著想、更和善、更慷慨，但我希望這種結盟的感受能長存我心，能夠影響我對自己在這個地球上的位置所有的感受。皮甫認為，驚奇可以「觸發一種幾乎具隱喻性的自我渺小感[6]」，那種在他的研究中顯得迫切的自我縮小感，必然就是我在那個八月早晨的部分體驗。我以各種方式身在當下，但同時，我也不在那兒。

5 原注：Paul K. Piff and Dacher Keltner, "Why Do We Experience Awe?," *New York Times*, May 24, 2015.
6 原注：Paul K. Piff, Pia Dietze, Matthew Feinberg, Daniel M. Stancato, and Dacher Keltner, "Awe, the Small Self, and Prosocial Behavior," *Journal of Personality and Social Psychology* 108, no. 6, June 2015, 883–89.

皮甫常寫文章探討渺小的自我、實際縮小的感覺，以及我們在萬物間降低的重要性，這一切都是能夠感受到驚奇所需的內在條件。驚奇的感受讓你感到渺小嗎？還是你必須先感覺渺小才能體驗驚奇？這恐怕是個難以界定的雞生蛋、蛋生雞問題。那個八月早晨，我並未消失，但我確實感覺自己的地位降低了，而認知到自我的重要性能適應這樣的變化，讓人感覺很受用。我們總是用實際的比例概念來面對這個世界，也是以一種以身邊的萬事萬物來評量我們自己的原始本能在過日子，不論對象是人、房子、石頭、植物，還是雲朵。我們自己的人類面向，總是成為我們評量所有東西的標準；我們的身體大小、我們的總體積，都是物理學家萊特曼所稱的「我們遞給世界的第一副隨身卡[7]」。然而，或許正是因為那種徹底改變的經驗不時出現，我們才能踏出這些以自己為中心的方程式。也或許這是只有在一個人失去了精神與情感面的確定感時，才會出現的重心移轉現象，而這種現象就類似哲學家雅各・尼德曼（Jacob Needleman）[8]所稱的「神聖的抹消」（sacred erasure）。他認為，這正是自由的源頭[9]。

❦

自古以來，承認有看不見的存在，始終是人類信仰實踐的中心。因為堅信人類與宇宙之間，有一種比我們每天生活的日常世界更深刻的連結，我們才會去追尋生命的意義。消失的存在這個概念，對那樣的追尋而言是重要的；我們在找尋重要性的旅途中，勢必得正視自己的無足輕重。十九世紀哲學家與心理學家威廉・詹姆斯（William James）[10]在以「不可見者的真實」（The Reality of the Unseen）為題的演講中提到，「由我們精神機制中的當下真實感所產生的存在感，其實遠比由我們的特殊感官所產生的存在感，更為發散、籠統，」而這樣的信念似乎普遍存在於人類對形而上的研究中。詹姆斯認為，精神層面的實踐一般都仰賴我們堅信「一種看不見的秩序」，而人類的善正是根源於我們對這種秩序的適應。若有人主張重新檢視隱形這件事，或許是源於一個事實，那就是詹姆斯所稱的人類本體想像力（human ontological imagination）因為承認看不見與未知的事物存在，而甦醒了過來。

二〇一七年八月二十一日，當日全蝕橫越美國大陸七十英里寬的土地時，那樣的想像力

7 原注：Alan Lightman, *The Accidental Universe* (New York: Vintage Books, 2014), 86.

8 雅各・尼德曼：一九三四年出生的美國哲學家、作家與宗教學者。

9 原注：Jacob Needleman, *I Am Not I* (Berkeley, CA: North Atlantic Books, 2016), 53.

10 威廉・詹姆斯：一八四二～一九一〇，美國哲學家與心理學家，也是第一位在美國提供心理學課程的教育家，被尊為「美國心理學之父」，是美國最有影響力的哲學家之一。

必然也發揮了作用，因為它在全國引發了近乎集體狂喜的現象。許多人所共同經歷的這種驚奇感讓集體狂喜的現象更加強烈，而全國的歡慶似乎也傳達著我們不僅接受黑暗，也會興高采烈地去擁抱黑暗，並將黑暗視為固有的地球秩序。或許廣大群眾所共同經歷的這種興奮，也在提醒著我們關注周遭未知的力量，也就是組成宇宙的主要物質暗能量與暗物質。也或許是因為人們再度需要近年來不受認可的模糊不清。也或許，那次日蝕所引發的狂歡，有部分是因為除了永恆的光明外，人們也認可陰暗世界的素樸之美。

就算尚未成功製作出一件隱形斗篷也無所謂。轉換光學、隱形斗篷、重置的鏡片、擴增實境頭部裝置，全都與無法看見的現實狀況有所衝突。這些技術並沒有特別的防呆作用，也不是特別有效，然而它們卻顯示了人們參與視覺緘默的程度愈來愈高，也愈來愈能接受我們或許並非隱形，而只是被身邊的世界吸納或同化了。難怪《紐約時報》會在二〇一七年建構空間日曆，利用行動裝置進行資訊同步，讓使用者隨時掌握流星雨、日月蝕、超級月亮、彗星，以及春分的訊息；人們對於追蹤我們在這個龐大宇宙中的位置，似乎很感興趣。其實最吸引我的科技，是某些現代建築所使用的一種窗玻璃。這種玻璃窗外表看起來跟普通的透明玻璃沒有兩樣，但朝外的那一面覆著有紋路的紫外線薄膜，這種反光塗料可以讓鳥類看到並避免撞上玻璃。這種玻璃的製造商說，玻璃上的紋路是一種類似視覺噪音的設計。可是當我努力瞇著眼睛從特定的角度看，就能看到這層紫外線薄膜上的交叉線條，而且它們看起來更像是細緻的蕾絲圖案。

我想有些東西必然是為了人類而設計，某些精巧的細工圖案，一定是為了防止我們撞上那些並非立即可見的之物，某些細緻的設計則是在提醒我們，這個世界有百分之九十五的物質是我們看不到的。有些東西或許需要特定的光線角度，有些則是要讓我們回歸人類本體想像力。有些則是像詩人史特蘭在他最後的作品《幾乎隱形》（*Almost Invisible*）中所描述的情況。史特蘭描寫他所期望的那種無邊無際的旅程：「不分晝夜地走入未知之地，直到忘了舊的自我，並擁抱一個在過去的旅行中可能錯過的新自我。但我不知道第一步是怎麼跨出去的。」他覺得失去了所有行動力，動也不動地躺在床上盯著天花板，直到他「突然感覺到一陣強烈的冷風，然後我不見了」。

我想史特蘭說的是內心深處的某種**存在**感，某種謹慎的完全實踐。降低存在感的語言自成一格，其語言架構中的詞彙、結構、句法，全來自使用與練習。史特蘭在出版了《幾乎隱形》後，採訪者問他：「您在幾天前的晚上曾半開玩笑地說：『我一直都努力想變得幾乎隱形。』是因為馬克．史特蘭的曝光度實在太高，還是不夠高？」他回答：「這就跟一個高頭大馬的人想變得嬌小玲瓏是一樣的……不對，這麼說太過簡單。當你年紀漸長，你的存在感就會愈來愈低。你會感覺到這個世界沒有你，依然運轉得很好。而我也接受這樣的認知[11]。」

我發現我也接受這樣的認知。然而，在存在感愈來愈低的過程中，我發現自己的精神機制也轉換到了一種節奏。也許這不過是個人與集體之間的正常摩擦。我們用了如此多的生命去學習如何成為自己。我們努力了解自己，並不是出於自戀的衝動，而是因為我們知道自覺與自我意識這種肯定的身分意識，能夠幫我們創造出一條通往圓滿與寬容人生的路。說出「我在這兒」、「我看到你了」，或「我愛你」，以及成為最完整的自己，不僅讓我們的生活經驗臻至完整，也讓我們能夠全心投入到我們對孩子與所愛之人承諾的目標當中。

只不過讓我非常訝異的是，我們大部分的動人經驗，常常都與心理上的縮小感有關。接受我們每個人其實都只是世界裡的一顆霧珠的概念，最能夠將我們連結起來。我們最好的自己，就是皮甫所稱的渺小的自我。我們愈渺小、存在感愈低，我們感受到的連接與人性就愈廣大。這幾乎就像是想要找到自己的位置，就必須先丟棄自我一樣。或許我們必須擁有的能力，就是能在曝光與抹消並存的環境中找到出路。

我愈來愈相信，知道如何隱身也有助於了解我們是誰。如何成為**自己**，不但仰賴於知道我們該如何完全地處在當下，也仰賴於我們知道如何隱身——這也是為什麼我會成為選擇性隱身的倡導者。我在生命中某些影響自己最深的事件中，全都隱了形。那年六月，當我愛上後來成為我丈夫的男人時，我丟失了自己。雙胞胎誕生的那個二月午後，他們的存在讓我忘了自己。游泳橫跨哈德遜河的那個早上，我了解到那條深不見底的灰色大河的水流、它那不間斷的潮汐與永恆的流動，可以用最好的方式將我吞噬，然而那天之後，我依然在一條又一條的河水中，游過了好幾個月與好幾年的時間。我的嘴裡並未啣著小石頭，手上也沒有戴著魔戒。我既不在某位神經學家的筆刷附近，也沒有虛擬實境眼鏡，我的身體成了一個空洞的空間，而我完全消失了。

隱身現在以影像的形式出現在我腦中：光斗篷、冰島古詩句、在老海軍服飾店櫃台前排隊的鄧肯、軍事建築消失了的非軍事區、被繪成冬天海灘上一塊石頭的薇如秋卡、深海中的透明魚類，以及穿著藍洋裝的冰島女子。我最著迷的是藝術家趙華森所拍攝、在上海街頭騎

11 原注：Mark Strand, “Mark Strand: Not Quite Invisible,” interview by Nathalie Handal, Guernica, April 15, 2012, https://www.guernicamag.com/not-quite-invisible/.

自行車的通勤人士。雖然騎士的自行車全都經過數位處理而消失了，但在城市街道上滑行的騎士，腳依然踩著踏板，手依然握在龍頭上，眼睛也依然盯著路面，被不知名的物體載著前行。坐在爸爸後方的孩子依然抱著他的爸爸；一名女子依然縮在她戀人的背後。自行車的影子也依然投在下方的路面上，這些影像全都記錄了我們與隱身的動態關係。隱形的世界讓我們的生命更有活力。

我曾去看過一個有關地理奇觀的展覽。藝廊的簡介提到了知與不知之間的空間，但在我看來，可見與不可見的閾限（liminality）也扮演了一定的角色。那場展覽的藝術家霍普．金斯伯格（Hope Ginsburg）拍攝了自己與其他三位潛水員在強風吹拂的石灰色天空下，坐在北大西洋芬地灣（Bay of Fundy）海邊的影像，當時海中的潮差大概在四十五到五十三英尺之間。她稱為陸潛隊的成員全背著氧氣瓶，穿著蛙鞋，戴著色彩鮮豔的氧氣罩，安靜地坐在岸邊看著海水湧來，沖刷過岩塊上的海草、砂土與石頭。影片中記錄著漲潮逐漸淹沒潛水員，先是蓋過他們的腿，接著是他們的軀體，然後終於淹過他們的肩膀與頭；在一個特寫鏡頭中，金斯伯格鮮紅色的合成材質蛙鏡與她的頭都綴著海草，讓她看起來像是變成了一種混種生物。最後，鏡頭中只能看到湧進的潮水，海草飄在徐緩起波的水面，以及冒出於潛水員海中位置上方的些許氣泡，而潛水員們仍戴著氣瓶與氧氣罩持續地呼吸[12]。

愛爾蘭詩人、神父與哲學家約翰・奧多諾赫（John O'Donohue）曾說：「我想得愈多，愈覺得可見的世界其實是隱形世界的第一道海岸線。同樣地，我相信身體與靈魂也存在著相同的關係。事實上，是靈魂——身體也存在靈魂裡，而不僅僅是靈魂存在於身體裡。就某種角度而言，身為人類的動人之處就在於，讓不可見之物變得可見與意味深長的，正是你[13]。」

經歷與思考了這麼多，就是為了要說我們都是類似於陸潛隊的成員，沉靜地坐在看得見與看不見的海浪所交會的潮線上，並且讓看得見與看不見的海浪持續且無可逃避地沖刷著我們。

---

12 原注：Hope Ginsburg, Land Dive Team: Bay of Fundy, "Explode Every Day: An Inquiry into the Phenomena of Wonder," MASS MoCA, North Adams, MA, May 28, 2016–March 19, 2017.

13 原注：John O'Donohue, "The Inner Landscape of Beauty," interview by Krista Tippett, On Being, August 31, 2017, https://onbeing.org/programs/john-odonohue-the-inner-landscape-of-beauty-aug2017/.

謝辭

隱形涉及與人類經驗和感知相關的各種面向，因此研究的過程中充滿了各種未知數。我非常感謝以下人士所分享的各種研究、知識、洞見、回憶、建議、指導、建議與思考。謝謝大衛・安德艾格、Dr. Armen Babigian、Carolyn Brooks、Michael Burkard、愛麗森・卡波、Ron Cohen、Anna Crabtree、Sam DeVries、Carol Phillips Ewin、崔西・葛利生、Carin Goldberg、Logan Goodman、史考特・葛萊夫頓、Kevin Harrington、Pam Hart、Dan Hofstadter、Ashley Hollister、Katherine Humpstone、Dr. Joshua Jaffe、Anne Kreamer、佛蘭切絲卡・拉帕斯塔、Heather Lee、麥克・拉克伍德、Michael Loening、Michael McTwigan、Margo Mensing、Emily Nachison、詹姆士・羅爾巴、Noelle Rouxel-Cubberly、Bonnie Loopesko Shapiro、貝西・雪曼、Brooke Sippel、Alena Smith、大衛・史密斯、Doug Smith、Jane Smith、April Stein、Astrid Storm、Christina Svane、Linnaea Tillett，以及馬克・溫德力克。

書中探討的主題一開始很難捉摸，感謝我的編輯，企鵝出版集團的安・葛多夫（Ann

Godoff）看重這本書，也謝謝她一路以機智、敏銳、去蕪存菁的洞察力，導引著這本書直到出版，並始終清楚稍縱即逝之物可以用哪些方式以重要的實際觀察來探討。我要感謝凱西・丹尼斯（Casey Denis）的效率、毫不動搖的耐性，以及永遠寬容的善意；謝謝威爾・海沃德（Will Heyward）在編輯時的獨到見解與適時的鼓勵；謝謝安潔莉娜・克拉漢（Angelina Krahn）對內容的釐清與正確性所做的貢獻；謝謝格雷錢・阿奇里斯（Gretchen Achilles）與達倫・哈嘎爾（Darren Haggar）尋找支持書中論點的視覺工具時，所展現的優雅與能力；謝謝蓋柏利爾・李文史東（Gabriel Levinson）的精準與周密；謝謝茱莉安娜・凱揚（Juliana Kiyan）與凱特琳・歐蕭夫尼西（Caitlin O'Shaughnessy）努力讓這本書問世。也謝謝我的經紀人亞伯特・拉法吉（Albert LaFarge），在我們長期的合作中所給予的睿智忠告、支持與熱忱；謝謝這本書的構想起源地義大利翁布里亞省（Umbertide）謝奇維特拉・拉涅利基金會（Civitella Ranieri Foundation）；謝謝安諾・瓊斯（Honor Jones）找到一個地方，讓這些想法能夠從幼苗的形態開始成長。最後謝謝布萊恩、諾亞與路克——我最大的財富，就是我們能存在於彼此的視線中。

國家圖書館出版品預行編目資料

隱形的奧義：拋開無止境曝光、擁抱不受注目的十一個思考 / 阿奇科・布希(Akiko Busch)著 ; 麥慧芬譯. -- 初版. -- 臺北市 : 商周出版 : 家庭傳媒城邦分公司發行, 2019.10
面；　公分. -- (莫若以名書房 ; 18)
譯自 : How to disappear : notes on invisibility in a time of transparency
ISBN 978-986-477-723-5(平裝)

1.內隱行為 2.社會心理學 3.生活方式

541.75　　108014271

莫若以名書房 18

隱形的奧義：拋開無止境曝光、擁抱不受注目的十一個思考

作　　者 ／ 阿奇科・布希（Akiko Busch）
譯　　者 ／ 麥慧芬
責任編輯 ／ 羅珮芳
版　　權 ／ 黃淑敏、林心紅、翁靜如
行銷業務 ／ 莊英傑、周佑潔、黃崇華、李麗渟
總 編 輯 ／ 黃靖卉
總 經 理 ／ 彭之琬
事業群總經理 ／ 黃淑貞
發 行 人 ／ 何飛鵬
法律顧問 ／ 元禾法律事務所王子文律師
出　　版 ／ 商周出版
台北市104民生東路二段141號9樓
電話：(02) 25007008　傳真：(02)25007759
E-mail:bwp.service@cite.com.tw
發　　行 ／ 英屬蓋曼群島商家庭傳媒股份有限公司城邦分公司
台北市中山區民生東路二段141號2樓
書虫客服服務專線：02-25007718、02-25007719
24小時傳真服務：02-25001990、02-25001991
服務時間：週一至週五上午09:30-12:00；下午13:30-17:00
劃撥帳號：19863813；戶名：書虫股份有限公司
讀者服務信箱E-mail：service@readingclub.com.tw
城邦讀書花園：www.cite.com.tw
香港發行所 ／ 城邦（香港）出版集團有限公司
香港灣仔駱克道193號東超商業中心1F；E-mail：hkcite@biznetvigator.com
電話：(852)25086231　傳真：(852)25789337
馬新發行所 ／ 城邦（馬新）出版集團【Cite (M) Sdn Bhd】
41, Jalan Radin Anum, Bandar Baru Sri Petaling,
57000 Kuala Lumpur, Malaysia.
電話：(603) 90578822 傳真：(603) 90576622
Email: cite@cite.com.my

封面設計 ／ 日央設計
內頁排版 ／ 陳健美
印　　刷 ／ 韋懋印刷事業有限公司
經　　銷 ／ 聯合發行股份有限公司
地址：新北市231新店區寶橋路235巷6弄6號2樓
電話：(02)2917-8022　傳真：(02)2911-0053

■2019年10月15日初版

Printed in Taiwan

定價400元

城邦讀書花園
www.cite.com.tw

 ISBN 978-986-477-723-5

商周出版

廣告回函
北區郵政管理登記證
北臺字第000791號
郵資已付，免貼郵票

104　台北市民生東路二段141號2樓

英屬蓋曼群島商家庭傳媒股份有限公司城邦分公司　收

請沿虛線對摺，謝謝！

商周出版

書號：BA8018　書名：隱形的奧義　編碼：

請於此處用膠水黏貼

商周出版

讀者回函卡

感謝您購買我們出版的書籍！請費心填寫此回函卡，我們將不定期寄上城邦集團最新的出版訊息。

不定期好禮相贈！
立即加入：商周出版
Facebook 粉絲團

姓名：＿＿＿＿＿＿＿＿ 性別：□男 □女

生日：西元＿＿＿＿年＿＿＿＿月＿＿＿＿日

地址：＿＿＿＿＿＿＿＿

聯絡電話：＿＿＿＿＿＿＿＿ 傳真：＿＿＿＿＿＿＿＿

E-mail：

學歷：□ 1. 小學 □ 2. 國中 □ 3. 高中 □ 4. 大學 □ 5. 研究所以上

職業：□ 1. 學生 □ 2. 軍公教 □ 3. 服務 □ 4. 金融 □ 5. 製造 □ 6. 資訊
□ 7. 傳播 □ 8. 自由業 □ 9. 農漁牧 □ 10. 家管 □ 11. 退休
□ 12. 其他＿＿＿＿＿＿＿＿

您從何種方式得知本書消息？

□ 1. 書店 □ 2. 網路 □ 3. 報紙 □ 4. 雜誌 □ 5. 廣播 □ 6. 電視
□ 7. 親友推薦 □ 8. 其他＿＿＿＿＿＿＿＿

您通常以何種方式購書？

□ 1. 書店 □ 2. 網路 □ 3. 傳真訂購 □ 4. 郵局劃撥 □ 5. 其他＿＿＿＿

您喜歡閱讀那些類別的書籍？

□ 1. 財經商業 □ 2. 自然科學 □ 3. 歷史 □ 4. 法律 □ 5. 文學
□ 6. 休閒旅遊 □ 7. 小說 □ 8. 人物傳記 □ 9. 生活、勵志 □ 10. 其他

對我們的建議：＿＿＿＿＿＿＿＿

請於此處用膠水黏貼